오늘은 어린이날!

방정환이 들려주는 어린이 인권 이야기

***일러두기**

'아동권리협약(Convention on the Rights of Child)'은 18세 미만 아동의 모든 권리를 담은 국제적인 약속으로서 1989년 11월 20일 유엔에서 만장일치로 채택되었습니다. 이를 설명할 때 '어린이권리협약'과 '아동권리협약' 두 가지 용어 중에서 유니세프 한국위원회와 보건복지부가 공식적으로 쓰고 있는 '아동권리협약'으로 표기합니다.

오늘은 어린이날!

방정환이 들려주는 어린이 인권 이야기

오늘 글 | 송진욱 그림
초록우산 어린이재단 아동복지연구소 감수·추천

시대가 달라져도
어린이 권리는 지켜져야 합니다

　지금 우리에게 익숙한 '어린이'라는 말은 1920년 소파 방정환 선생님이 아이들을 존중하자는 의미를 담아 처음 사용한 말입니다. 아이를 부모의 소유물 정도로만 여기던 시절에 인격과 인권을 지닌 어린이들을 존중하고 돌보고자 하는 마음이 담겨 있습니다. 방정환 선생님은 1922년 어린이날을 제정하는 데 기여하였으며, 어린이를 사랑하는 데 일생을 헌신하신 분입니다. 1923년 제1회 어린이날 기념식에서 발표된 '아동의 권리 공약 3장'은 '대한민국 어린이 헌장'의 기초가 되었습니다.

　우리나라의 어린이 헌장과 어린이날 제정은 1924년 제네바 아동 인권 선언보다도 앞서서 진행되었습니다. 1989년 11월 20일에 '국제아동권리협약'이 유엔 총회에서 만장일치로 통과되고, 1990년 협약이 비준되어 법적인 효력을 갖게 되었습니다. 우리나라도 유엔아동권리협약에 담긴 내용을 지키기로 약속을 하였습니다. 여기에는 아동을 인권의 주체로 하고, 아동을 위한 생존의 권리, 보호의 권리, 발달의 권리, 참여의 권리가 보장되어 있습니다. 이 협약을 비준한 196개(2023년 기준) 국가는 5년마다 아동 인권이 개선되어 가는 현황을 유엔에 보고서로 제출하게 되어 있습니다.

　통계에 따르면 우리나라 어린이들은 학업으로 인한 스트레스가 OECD 국가 중 최고에 이르고 있고, 행복지수도 낮으며, 삶의 질도 하위에 머물고 있습니다. 더불어 최근 아동 학대로 인한 아동 사망 사건으로 빈곤, 폭력, 건강 약화 등 우리 어린이들의 안전이 취약함도 드러났습니다.

　언제나 어린이들을 위해 힘쓰고 있는 아동복지 전문기관 초록우산 어린이재단은 방정환 선생님의 바람이 아직 이루어지지 않은 이때 어린이 인권 책 『오늘은 어린이날!-방정환이 들려주는 어린이 인권 이야기』가 발간된다는 소식을 듣게 되어 매우 기뻤습니다. 이 책은 우리나라를 배경으로 1920년대부터 오늘날까지 시대별로 소파 방정환 선생님을 만나는 어린이들을 소개하고 있습니다. 어린이를 돕고자 하는 다양한 방정환 선생님 모습의 씨줄과 역사적 배경 속 어린이들의 모습이 날줄로 엮여 어린이들이 어린이 인권에 대해 쉽게 알 수 있을 것 같아 좋았습니다.

　시대가 달라도 어린이들은 그 시대, 그 사회에서 가장 먼저 인권을 보장받아야 합니다. 바라건대 이 책을 통해 어린이들이 누려야 할 권리를 생각하고, 자신의 목소리를 낼 수 있게 되기를 소망합니다.

모두가 소중한 어린이들에게

'인권'은 사람으로서 꼭 누려야 할 소중한 권리예요. 아유, 따분하고 어려운 말 같다고요? 그렇다면 잠을 잘 권리, 먹을 권리, 행복할 권리, 웃을 권리라고 생각해 보세요. 누구에게나 꼭 필요한 이야기 같지 않나요? 물론 어린이들에게도 그럴 권리가 있지요.

방정환 선생님은 우리나라에서 처음으로 아이들에게도 인권이 있다고 생각한 분이에요. 그 당시는 아이들을 '이놈아', '이 녀석아' 하고 함부로 부르던 때였어요. 방정환 선생님은 아이들을 존중하는 마음을 담아 '어린이'라고 처음 불러 주었어요.

하지만 '어린이'라는 말이 생긴 지 백 년이 안 되었고, 어린이 인권을 말하게 된 것도 얼마 안 되었어요. 더구나 우리나라는 일본의 침략을 받고, 전쟁을 겪고, 나라를 발전시키는 동안 개인의 인권이 무시되는 일이 많았어요. 그 순간에도 어린이들은 힘겹게 살고 있었고요. 문득 이런 궁금증이 생겼어요. '만약 그 어린이들 곁에 방정환 선생님이 있었다면 어땠을까?' 이 책은 그렇게 시작되었어요.

교과서나 역사책에는 잘 나오지 않지만, 역사의 중요한 순간 속에 어린이들도 어른들과 함께 살았어요. 그 어린이들의 삶과 꿈을 이야기하고 싶었어요. 어린이들이 자신의 권리를 찾기 위해 스스로 노력하는 주인공이었다는 것도 말하고 싶었어요. 그래서 책 속에 여러분과 같은 어린이들의 이야기를 담았어요. 그 곁에는 모습은 다르지만 모두 같은 방정환 선생님이 함께 있지요.

  어린이 인권은 어느 날 하늘에서 뚝 떨어진 것이 아니라, 힘들고 아픈 시대를 꿋꿋하게 살아온 사람들의 노력으로 차차 겉으로 드러난 거라고 생각해요. 방정환 선생님과 책 속 주인공들을 따라 그 길을 돌아보도록 해요. 그리고 여러분 자신의 권리를 얼마나 지키고 있는지, 어떻게 해야 행복하게 살 수 있을지 생각해 보면 좋겠어요. 자신의 권리를 당당하게 외치고, 친구들의 인권도 존중해 주는 멋진 어린이가 되길 기대해도 되겠지요?

어린이와 오늘을 사는 작가, 오늘 씀

차례

★ 추천의 글 | 시대가 달라져도 어린이 권리는 지켜져야 합니다 4
★ 작가의 말 | 모두가 소중한 어린이들에게 6

프롤로그 검은 마차를 타고 온 사람 10

1장 어린이날이 없어졌다고? 15

일제 강점기에 우리 어린이는 어땠을까?

 어린이가 누려야 할 권리, 어린이 인권!

2장 비극은 하루빨리 끝나야 한다 26

전쟁 전후 우리 어린이는 어땠을까?

 어린이가 평화롭고 안전하게 살아갈 권리

3장 월사금이 너무해 38

우리나라 어린이는 어떻게 학교에 다녔을까?

 어린이가 교육받을 권리

4장 꿈을 싣고 돌아가는 재봉틀 49

일하는 어린이들의 인권은 어땠을까?

 어린이가 일하지 않고 쉴 권리

5장 달그락, 도시락 60
건강하고 씩씩한 어린이

어린이 인권 어린이가 건강하게 자랄 권리

6장 혼자 날리는 종이비행기 70
우리나라 어린이는 폭력에서 자유로울까?

어린이 인권 어린이가 폭력을 당하지 않을 권리

7장 모두가 살색! 80
모두 다르면서 같은 우리

어린이 인권 어린이가 차별받지 않을 권리

8장 내가 원하는 건요 91
어린이도 비밀이 있어요

어린이 인권 어린이의 사생활 보호와 의사 표현 권리

9장 어린이가 행복한 나라 102
어린이의 목소리에 귀를 기울여 주세요

어린이 인권 어린이가 자신과 관련된 일에 참여할 권리

★ 어린이들의 친구 소파 방정환 110
★ 유엔아동권리협약 116

프롤로그

검은 마차를 타고 온 사람

"저기 검은 말, 검은 마차를 타고 검은 마부가 나를 데리러 왔어. 저자를 좀 쫓아내 줘."

방정환이 허공에 손을 휘저으며 중얼거렸다.

"정신 차려요. 아무도 없어요. 흑흑."

"아버지, 어서 자리를 털고 일어나셔야지요."

가족들이 방정환을 보며 눈물을 훔쳤다. 며칠째 정신이 오락가락하여 헛소리를 한다고 생각했다. 하지만 방정환은 검은 옷을 입은 마부를 똑똑히 보았다. 저승사자가 분명했다.

"이제 저를 따라 함께 가시지요."

마부는 방정환에게 손을 내밀었다.

'아니, 아니야. 난 아직 갈 수 없어.'

방정환은 못 들은 척 눈을 감았다. 마부는 며칠 동안 열두 시만 넘으면 나타났다. 애써 외면하길 여러 날, 참다못한 방정환이 버럭 소리를 질렀다.

"또 왔소? 나는 내일이면 벌떡 일어날 것이오! 잡지도 만들어야 하고, 어린이를 위해 할 일이 남았단 말이오."

마부는 난처했다.

"당신 운명이 여기까진 걸 어떡합니까? 나도 할 일이 많은데 지금 당신 때문에 다 꼬였다고요."

"그럼 그냥 가시오. 곧 강연회도 열릴 거고, 어린이 운동을 시작해 놨으니 마무리 지어야 한단 말이오. 그러면 걱정 없이 눈을 감을 수 있을 것 같은데……."

방정환은 말끝을 흐리더니 휙 돌아누웠다.

"허허, 참. 고집 한번 대단하군."

마부는 고개를 절레절레 저었다.

다음 날은 웬일인지 열두 시가 넘었는데도 마부가 오지 않았다. 이제 포기한 건가 싶어 마음을 놓으려는 찰나에 어김없이 마차가 왔다. 그런데 마부는 실실 웃기만 했다. 방정환은 왠지 기분이 상했다.

"앞으로 당신은 나와 함께 지금 여기와는 다른 시대로 가게 됩니

다. 그 시대 어린이들과 자연스럽게 만나도록 내가 도와줄 테니, 어떤 상황에서도 놀라지 말고 자연스럽게 행동하십시오. 단, 여행을 마친 뒤에는 더 이상 이 세상에 머물 수 없습니다."

말을 마친 마부가 고삐를 당기자, 마차는 순식간에 병원 밖으로 나왔다. 긴장한 방정환을 보며 마부가 당부했다.

"곧 엄청난 속도로 달릴 거요. 어지러우면 눈을 감고 손잡이를 꼭 잡아요."

그러고는 "이랴." 하고 한 번 더 고삐를 당겼다.

마차가 점점 빨라졌다. 건물과 나무가 휙휙 스쳐 지나갔다. 어질어질하여 두 눈을 질끈 감자, 말발굽 소리와 바퀴 소리가 점점 아스라이 멀어졌다.

방정환은 숨을 한 번 크게 내쉬었다. 손바닥이 촉촉하게 땀에 젖었다. 1931년 7월의 밤이 그렇게 깊어 갔다.

1장
어린이날이 없어졌다고?

검은 마차가 도착한 곳은 1937년 4월, 경성*의 한 뒷골목이다. 신문 배달부 소년이 된 방정환은 곧바로 잡지사 사무실로 향한다. 그런데 사무실에서 만난 친구들은 하나같이 표정이 어둡다. 어린이날을 앞두고 한창 즐겁고 바빠야 할 친구들에게 무슨 걱정이 있는 걸까?

방정환이 살그머니 눈을 떴다. 하루에도 몇 번씩 오갔던 개벽사 사무실 근처였다.

"아, 여긴 어딘지 알겠소. 저기, 저 사무실에서 잡지를 만들고, 어린이날 기념식을 준비했지요. 세계아동예술전람회도 계획하고요."

내심 들뜬 목소리였다. 방정환은 마차에서 훌쩍 뛰어내렸다.

"당신이 죽고 6년 뒤의 세상이에요. 혼자 다녀오겠소?"

"눈 감고도 훤한 곳이니 걱정 마시오."

*경성: 서울의 예전 이름.

"좋소. 오늘 당신은 신문 배달부 소년이니 그에 걸맞게 행동하면 됩니다. 돌아가야 할 시간이 되면 내가 다시 오겠소. 어린이들의 삶이 어떤지 잘 살펴보시오."

방정환은 마부에게 눈을 찡긋하고는 골목 밖으로 걸어 나갔다. 친구들을 만날 생각에 비실비실 웃음이 새어 나왔다.

'6년이나 흘렀다니. 그동안 어찌 지냈을까? 나를 보면 깜짝 놀라지 않을까? 그나저나 잡지는 어떻게 만들고 있을까? 그래도 어린이날 준비는 잘하고 있을 거야.'

전차가 다니는 큰길로 나오니 허리에 칼을 찬 일본 경찰들이 보였다. 조선 사람들은 전보다 더 지쳐 보였고, 어린이들의 목소리는 듣기도 힘들었다. 방정환 얼굴에서도 점점 웃음이 사라졌다.

방정환은 서둘러 잡지사로 들어갔다. 그런데 사무실이 텅 비어 있었다. 어린이날 행사를 앞둔 사무실답지 않게 썰렁했다. 그동안 펴낸 잡지가 궁금해 구석 책장을 살펴보는데 친구들이 들어왔다.

"어린이날 기념식을 하지 말라는 이유가 뭔가?"

"조선인들 여럿이 모이는 게 싫은 게지. 일본의 탄압이 갈수록 심해지는군."

"그렇다고 어린이날까지 막을 줄 누가 알았나? 그날 하루만이라도 어린이들이 즐겁게 지내도록 하자는 건데."

'어린이날 기념식을 막다니, 이게 다 무슨 소리일까?'

방정환은 놀라서 인기척도 내지 못했다.

"어린이 잡지까지 폐간된 마당에 어린이날까지 없애 버리면 도대체 이 땅의 어린이들에게 해 줄 수 있는 게 무엇이겠는가?"

한 친구가 가슴을 쿵쿵 치며 말했다.

"답답한 노릇일세. 일본 때문에 조선의 어린이들까지 고생이지. 자라날 어린이들이 먹을 쌀은 죄다 일본으로 실어 가고, 학교에 가야 할 어린이들은 들에서, 공장에서 일을 하고 있지 않나."

'잡지까지 폐간되었다고?'

조용히 듣고 있던 방정환이 불쑥 튀어나와 물었다.

"저기, 선생님들! 올해 어린이날 기념식이 열리지 않는다고요?"

친구들이 의아한 표정으로 방정환을 바라보았다.

"아, 자네 어쩐 일인가? 신문 나올 시간도 아닌데."

방정환과 어린이 운동

방정환은 어린아이를 하나의 인격체로 존중해 주지 않던 1920년대에 '어린이'라는 말을 처음 만들어 썼다(1920년 개벽 3호에 '어린이 노래-불켜는 이'라는 제목으로 시를 기고한 것이 처음). 미래의 희망인 아이들을 부르는 말조차 없는 상황을 안타깝게 여기고, 아이들을 존중하는 마음을 담아 쓴 말이었다. 방정환은 어린이를 위한 강연, 잡지 발행, 박람회 개최 등 어린이 문화 운동에 힘썼으며, 어린이 인권 향상을 위해 노력했다.

오늘은 어린이날! 17

"네, 곧 어린이날이라서 호외 전단 돌리실 게 없나 하고 왔지요. 몇 년 전부터 어린이날 행사를 봤거든요. 올해는 제 손으로 호외 전단을 나누어 주고 싶었는데, 행사가 없다니…… 정말인가요?"

"안타깝게도 그럴 것 같네."

"왜요? 잡지 「어린이」는 왜 폐간된 건가요? 꼭 좀 알려 주세요."

방정환의 간절한 물음에 한 친구가 대답해 주었다.

"일본이 중국을 침략할 거라는 소문을 들어 본 적 있나? 우리나라에서 전쟁 물자들을 싹 쓸어 가는 마당에 일본에 반대하고 독립에 관한 글을 싣는 어린이 잡지가 눈엣가시였겠지. 소파가 세상을 떠나고 우리가 꾸준히 이어 가려고 했지만 몇 해 전에 폐간되고 말았어. 아무리 괴롭히고 탄압해도 어린이날 행사는 꿋꿋하게 치렀는데, 정말 올해는 못 하는 건지 우리도 답답하다네."

상상도 못 했던 이야기였다. 방정환은 온몸에 힘이 쭉 빠졌다.

"왜 못 하게 하나요? 그저 노래를 부르고, 운동을 하고, 동화를 들려주는 것뿐이잖아요! 어린이들이 얼마나 좋아했는데요."

"그래, 참 재미있지! 발 디딜 틈도 없이 사람들이 몰려오고!"

"노래를 부르고, 악단을 따라 거리 행렬을 할 때 들썩들썩 신이 나지 않나? 밝게 웃으면서 뛰어다니던 아이들 모습이 생생해."

친구들은 이야기꽃을 피웠다.

"소파가 살아 있을 땐 더 재미있었지. 사람들을 모아 놓고 이야기를 들려주면 아이고 어른이고 조용해졌어. 여자면 여자, 아이면 아이, 표정이나 몸짓까지 어찌나 똑같이 흉내 내는지 모두 넋 놓고 이야기에 빠져들었지."

"자, 이러고 있을 때가 아니지. 어떻게든 방법을 찾아봅시다."

친구들은 우르르 사무실을 빠져나갔다.

방정환은 밖으로 나와 몇 걸음 걷다 말고 털썩 주저앉았다. 머릿속이 뒤죽박죽 엉켰다. 잡지를 만들고, 동화를 쓰며 밤을 지새우던 일이 생각났다. 매일같이 아이들을 모아 놓고 동화를 들려주고, 코피를 쏟고 잠을 못 자면서 온 나라를 돌아다녀도 힘든 줄 몰랐다.

"어린이들의 삶이 변한 게 없어 마음이 아프겠소. 그래도 소년 운동 단체들이 힘을 모으고 있어요. 너무 속상해 말아요."

언제 나타났는지 마부가 곁에 앉아 어깨를 두드렸다.

"후유, 잡지도 폐간되고 어린이날도 없어진다잖아요. 어린이답게 뛰어놀고 즐길 권리마저 빼앗으면 도대체 어쩌란 말인가요. 정말 속상합니다."

방정환은 힘이 쭉 빠졌다.

그런데 그때 웬 여자아이가 방정환 앞에 털썩 주저앉았다. 앞서 걷던 남자아이가 뒤를 돌아보고 재촉했다.

"야, 빨리 일어나!"

"오빠, 이야기 또 들려줘, 응? 그러면 갈게."

"벌써 외우고도 남았겠다! 집에 가서 해 줄게."
오빠가 떼를 부리는 동생을 어르고 달랬다.
"싫어. 힘들단 말이야. 지금 해 줘."
"이제 들려줄 이야기가 없어. 오기 싫음 네 맘대로 해!"
오빠는 소리를 버럭 지르더니 성큼성큼 걸어갔다. 여자아이는 다리를 버둥거리며 더 크게 울었다. 아웅다웅하는 남매를 바라보던 방정환 머릿속에 기가 막힌 생각이 번쩍 떠올랐다.
"얘, 너 재미있는 이야기 듣고 싶니?"
방정환의 물음에 여자아이는 고개도 들지 않고 툴툴거렸다.

"네, 그런데 우리 오빠가 안 해 줘요. 나는 아직 글을 몰라서 책도 못 읽는데."

"그러면 내가 이야기 들려줄 테니까 부탁 하나만 들어줄래?"

말이 끝나기 무섭게 여자아이가 고개를 번쩍 들었다.

"정말 오빠가 이야기해 줄 거예요?"

"그래. 저기 길 끝에 커다란 느티나무 있는 거 알지? 이야기 듣고 싶은 친구들을 모아 와. 그럼 내가 재미있는 이야기 해 줄게."

"진짜죠? 알았어요. 내가 얼른 친구들 데려올게요. 꼭 들려줘야 해요!"

여자아이는 소맷부리로 눈물을 쓱 닦고 일어나 뛰어갔다.

"자, 나랑 같이 갑시…… 어? 어디 갔지?"

마부는 어느샌가 사라져 보이지 않았다. 방정환은 서둘러 느티나무 아래로 갔다. 나무 아래 넓적한 바위에 걸터앉아 어떤 이야기를 들려줄지 곰곰 생각했다.

잠시 후 여자아이가 아이들 한 무리를 이끌고 왔다.

"정말이에요? 정말 이야기 들려줄 거예요?"

"전 옛날에 '양초 귀신' 이야기 들었어요."

"빨리 해 주세요!"

아이들은 방정환 앞에 조르르 앉아 보챘다. 옹기종기 모인 아이들을 보자 방정환은 불끈 힘이 났다.

"우스운 이야기를 들려줄까요? 슬픈 이야기를 들려줄까요?"

"우스운 이야기요!"

"슬픈 이야기도 들을래요!"

아이들은 우스운 이야기를 들을 땐 배꼽을 잡고 웃다가, 슬픈 이야기를 들을 땐 눈물 콧물을 훌쩍였다. 그러는 사이 어른들도 하나둘 모여들었다.

뾰족한 수를 찾지 못하고 사무실로 돌아오던 친구들도 발걸음을 멈추고 사람들과 함께 이야기에 빠져들었다. 방정환은 친구들을 보며 목소리에 더욱 힘을 주었다.

어스름 해가 지고 있었다.

방정환은 아이들을 쭉 둘러

보다 마부와 눈이 마주쳤다. 돌아갈 때였다.
"여러분, 서로서로 재미있는 이야기 들려주고, '만년샤쓰' 창남이처럼 씩씩해야 해요. 알겠지요?"

이야기를 마치고 방정환은 마차가 도착했던 골목으로 돌아갔다. 마부가 첫 여행을 마친 소감을 물었다.

"안타까웠지만, 어린이들에게 이야기 몇 가지라도 들려줄 수 있어서 다행이었어요."

방정환 목소리에 기운이 하나도 없었다.

"자, 기운 내서 또 다른 시대로 가 봅시다. 준비됐소?"

마부의 물음에 방정환은 대답 대신 살며시 눈을 감았다.

"이랴!"

마부는 다시 힘차게 말을 몰았다.

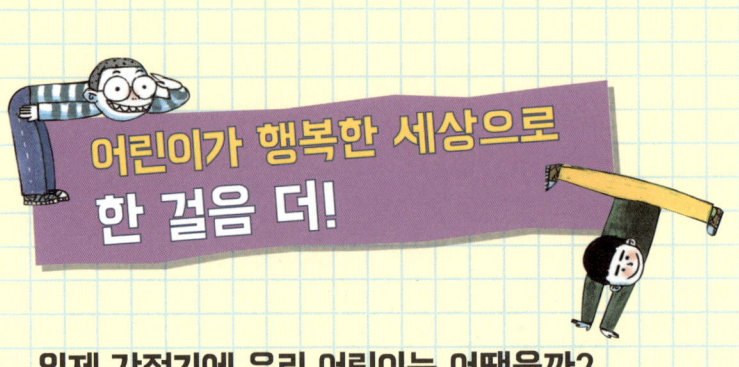

어린이가 행복한 세상으로 한 걸음 더!

일제 강점기에 우리 어린이는 어땠을까?

　옛날 어른들은 나이가 어린 아이들을 '애녀석', '어린애', '아해놈'으로 낮춰 불렀다. 그리고 부모 마음대로 아이를 일찍 결혼시키기도 하고, 일터에 내보내기도 했다. 아이의 의견은 무시하기 일쑤였다.

　하지만 방정환을 비롯한 소년 운동가들은 아이도 어른처럼 존중하자고 꾸준히 주장했다. 아이들을 존중하는 의미를 담아 '어린이'라고 부르고, 1922년에 '어린이날'을 정하고 이듬해에 어린이를 위한 큰 잔치를 열었다.

　이런 노력에도 우리나라가 일본의 지배를 받는 동안 어린이들은 일본말을 쓰고, 일본 역사를 배우며 조선 어린이로서의 인권을 억압받았다. 급기야 1938년에 어린이날이 폐지되고 말았다.

116쪽 유엔아동권리협약

어린이가 누려야 할 권리, 어린이 인권!

　인권은 모든 사람이 사람답게 살아갈 권리를 뜻한다. 사람은 누구나 태어나면서부터 생명을 유지하고, 자유와 평등을 누리고, 자기 의견을 말하며 행복하게 살 권리가 있다.

　어린이에게도 어린이로서 누려야 할 기본적인 권리가 있다. 어린이는 안전하게 자랄 수 있도록 보호받고, 평등하게 교육받고, 자신과 관련된 일에 의견을 말할 수 있어야 한다. 어리다고 의견을 무시하거나, 비밀을 마음대로 이야기하는 것은 어린이 인권을 침해하는 일이다. 어린이는 자신이 소중한 존재로서 인권이 있음을 알고, 행복해지기 위해 다른 사람에게 양보할 수 없는 것이라고 생각해야 한다. 어른들은 어린이가 인권을 침해받지 않도록 안전하게 잘 돌볼 책임이 있다.

2장
비극은 하루빨리 끝나야 한다

한참을 달려 검은 마차는 1951년 겨울, 어느 산골 마을에서 멈춰 섰다. 방정환은 허름한 양복을 입은 신문 기자의 몸을 빌려 어느 외딴 집으로 향한다. 두려움에 떨며 방정환을 집으로 들여 준 가족에게는 어떤 일이 있었던 걸까? 늦도록 이야기를 나누며 방정환은 놀라운 사실을 알게 된다.

한겨울 바람이 찼다. 방정환은 어둠에 적응하느라 한참 동안 눈을 끔벅였다.

"깜깜해서 어디가 어딘지 모르겠군. 지금은 어떤 시대요?"

"놀라지 마시오. 일제로부터 독립을 했지만, 얼마 안 돼 나라가 남북으로 갈라졌어요. 몇 년 뒤에는 전쟁이 일어났지요. 지금은 북쪽을 돕는 중국군이 밀고 내려와 서울이 점령된 상황입니다. 당신은 전쟁 때문에 가족과 생이별한 아이를 만나게 될 겁니다."

마부가 찬찬히 설명했다. 방정환은 묵묵히 듣기만 했다. 한마음으로 독립을 외쳤던 민족이 갈라져 전쟁을 벌였다는 사실이 거짓말 같았다. 이야기를 듣는 사이 어느 집 앞에 도착했다.

"이 집에 들어가서 하룻밤 신세 집시다."

앞장서서 걷던 방정환이 뒤를 돌아봤다.

'언제 사라진 거야? 역시 저승사자가 맞구먼, 맞아.'

싸리문을 열고 흠흠 헛기침을 했다. 삐걱 소리가 나며 방문이 빼꼼 열렸다. 어린 사내아이였다.

"집에 늙은 할아버지와 어머니랑 저뿐이에요. 아버지도 형도 없어요. 살려 주세요."

아이 목소리가 덜덜 떨렸다. 당황한 방정환이 손사래를 쳤다.

"얘야, 난 산에서 길을 잃고 헤매다 우연히 찾아온 거란다. 너야말로 꽁꽁 얼어 가는 나를 좀 살려 다오."

잠시 침묵이 흘렀다. 안에서 말소리가 들리더니 문이 활짝 열렸다. 불빛이 어룽어룽 할아버지의 얼굴에 비쳤다.

"추운데 어서 들어오시지요. 상덕아, 비켜 드려라."

상덕이는 할아버지의 말에 문 옆으로 비켜났다. 방정환은 댓돌에 신발을 벗어 두고 방 안으로 들어섰다.

"아저씨는 왜 이 밤에 산속을 헤매요? 피란 가던 길이었나요? 아니면 군대에서 탈출했나요?"

상덕이의 당돌한 물음에 방정환은 너털웃음을 지었다.

"허허, 아니란다. 나는 기자인데, 취재를 하러 가던 중에 어두워져서 길을 잃고 말았어. 그런데 너는 몇 살이냐?"

"열 살이에요. 우리 형은 열여섯 살인데요, 국군 학도병으로 가서 아직 소식이 없어요. 그래서 우리는 멀리 피란 안 가고 형을 기다리는 거예요. 꼭 살아 돌아올 거니까요!"

"저런! 열여섯이면 아직 어린데 전쟁에 나갔단 말이냐?"

방정환은 놀라서 되물었다.

"네, 공부가 너무 하고 싶어서 작년에 겨우 중학교에 입학했는데, 전쟁이 터지니까 나라를 위해 싸우겠다며 친구들이랑 학도병을 지원했어요."

상덕이 표정이 곧 시무룩해졌다. 어머니가 한숨을 쉬었다.

"휴, 인민군과 중국군이 밀고 내려오면서 허둥지둥 집을 버리고 이 산속으로 들어왔어요. 1월 초에 떠나 왔으니 여기서 지낸 지 두어 달쯤 되었어요."

인민군과 중국군, 국군과 유엔군

우리나라는 1945년에 독립한 뒤, 남한과 북한으로 나뉘어 각각의 정부를 세웠다. 그 뒤 1950년 6월 25일 북한의 남침으로 육이오 전쟁이 일어났다. 북한 인민군을 돕는 중국의 중국군, 남한의 국군을 돕는 유엔군까지 참여하면서 전쟁이 더욱 커졌다. 이 전쟁은 1953년 7월 27일에 휴전했다.

이어지는 이야기는 더 참담했다. 인민군이 오면 국군에 협조했다고, 국군이 오면 인민군에 협조했다고 애먼 사람들만 잡았다. 상덕이 아버지와 삼촌들 역시 북한 군인들에게 무슨 해코지를 당할지 몰라서 남쪽으로 내려갔단다. 그리고 혹시나 형이 왔을까 싶어서 상덕이는 할아버지와 가끔 한 번씩 집에 다녀온다고 했다.

"마을엔 부모 잃은 아이들과 늙은이들뿐이라오."

할아버지가 씁쓸하게 말했다.

"순금이 아버지는 인민군에게 쌀 줬다고 국군이 잡아갔대요. 국군은 우릴 지켜 주는 줄 알았는데. 어머니도 없는 순금이가 불쌍해요."

상덕이가 툴툴댔다. 들으면 들을수록 기가 막혔다.

"밤이 깊었으니 이만 자고, 내일 함께 마을로 가 봅시다."

할아버지가 자리에 누웠다. 방정환도 상덕이 옆에 누웠다. 한기 때문에 입김이 다 보였지만 이불에 몸을 누이니 사르르 졸음이 몰려왔다.

다음 날 아침, 해가 뜨자마자 방정환은 할아버지와 상덕이를 따라 시내로 갔다. 거리는 처참했고 한산했다. 곳곳의 건물이 폭격으로 무너져 있었다. 꼬질꼬질한 차림새로 구걸하는 아이들이 보였다. 다 찌그러진 깡통을 들고 이 집 저 집 기웃거리는 아이들 얼굴에 전쟁의 고단함이 뚝뚝 흘렀다.

"전쟁 통에 부모를 잃고 길 위에서 살게 된 아이들이지요. 하루아침에 전쟁고아가 된 아이들이 한둘이 아니랍니다. 일제에게 독립했다고 좋아한 게 엊그제 같은데 이럴 줄 누가 알았답니까."

할아버지의 말을 들으며 방정환은 뾰족한 것이 가슴을 콕콕 찌르는 것 같아 아이들에게 한참 눈을 떼지 못했다.

상덕이는 뭔가를 보고 눈을 비비더니 소리쳤다.

"어, 할아버지. 태극기예요!"

경찰서 문 앞에 태극기가 걸려 있었다. 며칠 산에서 못 내려온 사

이에 국군이 서울을 되찾은 것이다. 할아버지와 상덕이는 한달음에 집으로 달려갔다. 집에는 별일이 없었다. 상덕이는 순금이를 데려온다며 뛰어나갔다. 방정환도 뚱뚱한 몸을 이끌고 얼른 뒤따라 나섰다.
"헉헉, 상덕아! 천천히 가자."
상덕이는 걸음을 멈추고 배시시 웃었다.
"어서 빨리 아버지랑 삼촌들, 형이 돌아오면 좋겠어요. 아버지 말씀대로 내가 씩씩하게 엄마와 할아버지를 지켰다고 자랑하고 싶어요!"

큰길 끝 모퉁이를 돌자 정미소가 보였다. 정미소에 딸린 집으로 들어가니 순금이가 평상에 걸터앉아 있었다.

"순금아, 잘 있었어? 집에는 별일 없지?"

순금이는 힘없이 고개를 끄덕였다. 아버지를 잡아간 국군이 서울에 오니 혹시 또 무슨 일이 있을까 싶어 밤새 잠을 못 이루었다고 했다. 순금이를 데리고 다시 큰길로 나가니 아침나절에 구걸하던 아이 둘이 어느 집 처마 밑에 오도카니 앉아 있었다.

방정환은 아이들을 물끄러미 바라보다 혼잣말하듯 속삭였다.

"이봐요, 마부. 거기 있소? 저 아이들 뭐 좀 먹게 하고 싶은데, 방법이 없겠소? 염라대왕 명 받은 저승사자니 그런 것쯤 할 수 있지 않아요?"

마부는 어처구니가 없어 말문이 막혔다. 저승사자가 이승 일에 관여해서는 안 되지만, 아이들이 안쓰러운 건 마찬가지였다. 염라대왕도 한 번은 용서해 주지 않을까 싶어 큰맘을 먹고 말했다.

"좀 이따 상덕이네 집 뒤란에 가 보시오. 이번 딱 한 번뿐이오!"

방정환은 대답을 듣고 히죽 웃고는 아이들에게 다가갔다.

"얘들아, 상덕이네 집에 가서 같이 놀래?"

아이들은 방정환을 멀뚱히 쳐다봤다. 상덕이가 말을 보탰다.

"그래. 하루 종일 여기 앉아 있으면 뭐 하냐? 오늘 같이 놀자!"

상덕이와 순금이 뒤로 아이들이 하나둘 늘어났다. 손을 잡고 폴짝

폴짝 뛰어가는 아이들을 바라보니 방정환은 절로 웃음이 났다.

방정환이 아이들과 노는 사이 상덕이가 어머니를 모시고 왔다. 뒤란에 있던 재료로 따뜻한 밥과 반찬을 한 상 차렸다. 집 안에는 오랜만에 사람의 온기가 가득 찼다.

그런데 밥을 먹던 아이가 훌쩍였다.

"어머니 아버지가 보고 싶어. 난 피란을 가다가 어머니 손을 놓쳤어. 사람들에게 이리 밀리고 저리 밀리다 보니 어머니도, 아버지도 보이지 않았어. 혹시 부모님이 나를 찾을지도 몰라서 다시 집으로 돌아온 거야."

"나는 어머니가 아파서 피란을 못 갔어. 혼자 떠난 아버지가 빨리 돌아오면 좋겠어."

또 다른 아이도 시무룩한 목소리로 말했다.

서러움과 그리움이 섞인 아이들의 눈물에 방정환도 가슴이 먹먹해졌다. 그러나 곧 마음을 추스르고 밝은 목소리로 말했다.

"얘들아, 우리가 일본에 나라를 빼앗겼다가 몇 년 전에 독립을 이루었잖아. 그때 어린이들은 포기하지 않고, 만세 운동도 하고, 열심히 공부해서 일본을 이기겠다고 마음먹었어. 국군이 서울에 왔으니 곧 가족을 만날 수 있을 거야. 희망을 잃지 말고 기다리자, 알겠지?"

"네!"

아이들이 입을 모아 대답했다. 그런데 그때 집 안으로 누군가 들

어왔다. 상덕이가 벌떡 일어나 외쳤다.

"형, 형이다! 형!"

학도병으로 갔던 상덕이 형이 머리통보다 큰 철모를 쓰고 돌아왔다. 형은 여러 번 전투에 참여했다가 죽을 고비를 넘기며 겨우 살아남았고, 국군이 서울로 올라오면서 돌아올 수 있었다고 했다. 상덕이네 가족은 얼싸안고 빙빙 돌다가, 엉엉 울다가, 껄껄 웃었다.

"이제 우리 형도 오겠지?"

"나도 부모님을 만날 수 있을 거야!"

아이들도 기대에 찬 목소리로 방방 뛰었다.

방정환은 슬그머니 상덕이네 집을 나왔다. 오늘 하루 겪은 일을 생각하며 어둠이 내린 산속을 걸었다. 마부가 어느새 따라와 함께 걸었다. 방정환이 침묵을 깨고 말했다.

"곧 전쟁이 끝나겠지요? 우리끼리 총부리를 겨누다니, 상상도 못 했던 일이었소. 이 비극이 하루빨리 끝나기만 바랄 뿐이오."

"나 역시 종일 가슴에 돌덩이가 들어앉은 것 같았다오. 다음엔 조금 더 나아지겠지요. 암, 그래야지요."

마부는 고개를 주억거리며 고삐를 당겼다.

전쟁 전후 우리 어린이는 어땠을까?

일제에게 독립하고 나라를 다시 세우는 동안 어린이의 인권은 사람들 관심에서 멀어졌다. 더구나 몇 년 뒤 전쟁이 일어나며 어린이의 삶은 더 비참해졌다. 피란길에 부모와 헤어지거나 폭격으로 부모를 잃는 등 전쟁고아가 많아졌다. 아이들은 학교를 다닐 수 없게 되었고, 15~18세의 소년들이 전쟁터로 나가기도 했다.

전쟁으로 사람들의 생활 터전인 집과 논밭, 공장은 물론이고, 학교며 공공기관, 다리, 도로 등 모든 것이 파괴되었다. 아이들 먹일 음식이 부족했고, 고아원도 아이들로 넘쳐 났다. 아이들은 학교 대신 일터로 보내졌다. 이렇게 전쟁 이후 망가진 시설들을 복구하고, 살아갈 기반을 마련하는 동안 어린이의 인권은 또다시 뒷전으로 밀려나고 말았다.

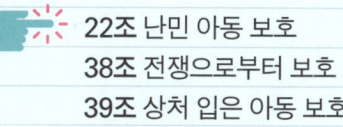

22조 난민 아동 보호
38조 전쟁으로부터 보호
39조 상처 입은 아동 보호

어린이가 평화롭고 안전하게 살아갈 권리

어린이는 평화로운 세상에서 안전하고 건강하게 살아갈 권리가 있다. 그렇지만 아직도 시에라리온, 팔레스타인 등 분쟁 지역에서는 아이들이 연필 대신 총을 들고 전쟁터에 나가는 일이 있다. 전쟁으로 다치거나 가족을 잃은 아이들도 많다.

어린이는 전쟁 지역에서 안전하게 보호받아야 하며 15세 미만일 때에는 절대 군대에 들어가거나 전쟁에 참여해서는 안 된다. 전쟁이나 자연재해 등으로 난민이 되었을 때, 어린이는 특별한 보호와 도움을 받아야 한다. 어른들은 전쟁으로 고통받은 어린이가 몸과 마음을 회복해 원래의 생활로 돌아갈 수 있도록 노력해야 한다.

3장 월사금이 너무해

댕댕, 종소리와 함께 마차가 멈추었다. 1965년 서울의 한 달동네 국민학교* 뒷문이다. 방정환은 학교에서 일을 하는 방 씨가 되어 아이들을 만나게 되었다. 그런데 교실에서 아이들이 쫓겨나는 이상한 광경을 본다. 더구나 그 아이들이 자신을 비난한다. 무슨 일일까? 방정환은 까닭을 찾기로 한다.

    수업이 시작되어 학교는 조용했다. 운동장에는 개미 새끼 한 마리도 보이지 않았다. 방정환은 1층 교실 창문으로 살그머니 가 보았다.
    아이들 몇몇이 자리에서 일어나 있었다.
    "너희만 아직도 월사금*을 안 냈다. 당장 집에 가서 돈 받아 와! 수업 들을 자격도 없어."

---

*국민학교: 예전에 초등학교를 부르던 말.
*월사금: 예전에 다달이 내던 수업료.

선생님의 꾸지람에 아이들이 책가방도 놓고 슬며시 나갔다. 수업 시간에 아이들을 쫓아내다니. 방정환은 기가 막혀서 아이들을 따라갔다.

"아저씨 왜 따라와요? 선생님이 우리 감시하래요?"

한 아이가 뒤돌아 쏘아붙였다.

"아저씨 미워요. 치, 동화 들려준다며 잘해 줄 땐 언제고!"

"맞아. 정배네 얘기 선생님한테 이르고!"

아이들이 저마다 한마디씩 보탰다.

'얘들이 뭐라는 거야? 내가 뭘 일렀다고?'

느닷없는 공격에 방정환은 당황해서 입도 뻥긋 못 했다.

"잔물은 무슨, 이제부터 똥물 아저씨라고 부를 거야. 똥물, 똥물!"

아이들은 대답도 듣지 않고 교문 밖으로 뛰어나가 버렸다.

"쯧쯧. 그러게 오지랖이 넓어도 정도껏이어야지. 방 씨 때문에 엉뚱한 소문이 났으니 창피하지 않겠어?"

웬 남자가 혀를 쯧쯧 차며 참견했다.

"내가 정배네 얘길 뭘 했다고 그러나?"

무슨 사연인지 알아야 할 것 같아, 일부러 억울한 표정으로 되물었다.

"이 사람이 까마귀 고기를 먹었나. 자네가 정배 담임에게 정배 아버지가 막노동하다 다쳐서 꼼짝 못하고 누워 있다고, 그래서 엄마가 급히 돈 빌리러 시골에 갔다고 말했잖아. 그걸 같은 반 애가 듣고는 정배 엄마가 도망갔다고 놀리는 바람에 정배랑 싸웠고."

어렴풋이 상황을 알 것 같았다.

"이봐, 어서 나와요. 자세히 설명 좀 해 보시오!"

마부는 얼이 쏙 빠진 방정환을 보고 한참을 낄낄거렸다.

"지금 여기는 1965년, 그러니까 전쟁이 끝난 지 10여 년밖에 안 지난 때라오. 흉년이다 보니 농사로는 먹고살기 힘들어서 사람들이 일자리를 찾아 꾸역꾸역 도시로 몰려들었지요."

열심히 일하면 밥이야 굶겠냐며 올라온 사람들로 서울 변두리 동네에 판잣집이 하루가 다르게 늘어났다. 부모들은 연필심에 침 묻혀 가며 숙제하는 아이들을 보면서 열심히 일했지만, 없는 살림에 부담스러운 월사금이 말썽이었다. 돈 때문에 학교를 포기하는 아이들이 수두룩했다.

"정배네도 시골 살림 정리하고 서울로 왔는데 아버지가 다치면서 형편이 말도 못 하게 어려워졌어요. 이 동네에는 중학교 가기를 포기한 아이들도 많아요. 입학시험부터 돈이 들기 때문이지요."

마부와 방정환은 달동네 판자촌 입구에 다다랐다. 모양도 제각각인 널빤지를 얼기설기 엮은 판잣집이 다닥다닥 붙어 산꼭대기까지 이어져 있었다. 그 길 입구에 구멍가게가 있었다. 한 노인이 가게 앞 평상에 앉아 부채로 파리를 쫓고 있었다.

어서 정배란 아이를 찾아 오해를 풀어야 했다.

"당신과 친하게 지내는 구멍가게 주인장이오. 옛날에는 소학교 선생을 했었는데, 아들 내외랑 손자를 육이오 전쟁 때 잃고 외롭게 살고 있다오. 손자가 살아 있으면 정배만 할 거라며 잘해 주지요. 어서 가 보시오."

방정환은 구멍가게로 가 주인장에게 물었다.

"어르신, 정배 보셨나요?"

"툴툴거리며 올라가더군. 집안 사정이 알려지고 월사금을 못 내 쫓겨났으니 속상할 거야. 어디 정배뿐인가? 정배네 윗집 성준이가 국민학교 마치고 공장에 가지 않았나? 어제 와서는 중학교 간 친구들이 부러워서 눈물이 난다 하더라고."

"후유, 돈이 없어서 아이들이 학교를 그만두는 건 나 어릴 때나 지금이나 마찬가지군요. 나아진 게 없네요."

방정환은 한숨을 내쉬었다.

걱정 없이 마음 놓고 공부하고 싶어요

방정환은 어린 시절 서당에 다니다 두 살 위의 삼촌이 다니는 보성소학교 유치반에 입학했다. 소학교 졸업 후 상업학교에 진학했지만, 결국 집안 형편이 어려워져서 학교를 그만두게 되었다.

"곧 방학이니 선생도 더 봐줄 수는 없겠지. 정배가 학교 가는 걸 얼마나 좋아했나. 나한테 달력을 받아 가서 형이 물려준 교과서 표지를 싸고 애지중지하던 애야. 옛날 같았으면 나라도 가르쳐 주겠건만……."

방정환은 주인장의 말을 듣고 손뼉을 짝 쳤다.

"어르신, 그거예요! 아이들이 공부할 수 있는 방법이 떠올랐어요. 월사금 때문에 학교를 포기한 아이들을 모아 가르치면 어떨까요? 옛날 서당에서 훈장님에게 배우듯 말이에요. 어르신, 도와주실 거죠?"

잔뜩 들뜬 방정환과 달리 주인장은 떨떠름한 표정이었다.

"흠, 생각이야 좋은데, 아이들에게 뭘 가르치나?"

"어르신께서 옛날처럼 가르치시면 되지요. 천자문도 좋고, 한글도 좋고요. 선생이 더 있으면 간이 학교를 세워도 되고요. 가겟집에서 작게나마 시작하면 어떻습니까?"

주인장은 곰곰이 생각에 잠겼다.

"공책만 있으면 제가 이야기책도 쓸 수 있어요. 머릿속의 수많은 이야기가 아이들을 만나고 싶어 하거든요. 하룻밤에 몇 권은 거뜬해요."

방정환은 벌써 책 몇 권은 완성한 듯 신이 났다.

"허허, 아이들 모아 놓고 이야기 들려줄 때는 젊은 사람이 엉뚱하다고만 생각했는데…… 그래 좋네, 같이 해 봄세."

주인장은 공책 몇 권을 들고 왔다. 방정환은 가게 평상에 앉아 꼼짝 않고 글을 썼다.

골목을 쏘다니며 뛰놀던 아이들이 하나둘 몰려왔다.

"배신자 아저씨 뭐 해요?"

"뭐 써요? 공부해요?"

아이들은 둥그렇게 방정환을 에워싸고는 고개를 들이밀었다.

"너희가 볼 책 만드는 거야. 가게 할아버지가 앞으로 공부 가르쳐 줄 거니까, 가서 언니, 오빠, 형, 누나 다 불러 와."

뜻밖의 말에 아이들은 궁금증을 쏟아냈다.

"진짜요? 그럼 우리 언니도 공부할 수 있어요?"

"돈 안 내요? 그냥 와요?"

"한 명씩 찬찬히 말해라. 돈은 필요 없다. 몸만 와도 되고 누구든 와도 되지만 중간에 그만두면 안 된다."

주인장이 아이들 말에 하나씩 대답해 주었다.

"우아, 신난다! 그럼 나도 여기서 공부할래요. 이제 학교 안 갈 거야. 돈 내라고 하는 학교 필요 없어, 뭐!"

정배가 큰소리를 쳤다. 아이들이 깔깔 웃음을 터뜨렸다.

"박정배! 누구 맘대로!"

아이들은 익숙한 목소리에 놀라서 뒤를 돌아봤다. 담임 선생님이

호랑이처럼 무서운 표정으로 서 있었다. 손에는 낮에 아이들이 교실에 두고 간 책가방이 들려 있었다.

아이들은 어찌할 바를 모르고 방정환과 선생님을 번갈아 쳐다보았다. 주인장이 선생님을 데리고 안으로 들어갔다.

한참 시간이 흘렀다. 가게 밖으로 나온 선생님의 표정은 한결 부드러워졌다. 선생님은 중학교를 못 간 아이들을 위한 이 조그만 교실에 교과서를 얻어다 주고 공책도 가져다준다고 했다.

"대신 너희는 학교에 와야 한다. 국민학교는 마쳐야지!"

그제야 아이들 얼굴에도 웃음꽃이 피었다.

선생님이 돌아간 뒤 방정환은 정배 손을 꼭 잡고 집으로 향했다.

"아저씨, 미안해요. 나 도와주려고 한 건데, 내가 너무 심했죠? 근데 엄마가 진짜 안 오면 어떡하나 무서워서 더 화가 났어요."

"괜찮다. 이제 학교 그만둔다는 말은 하지 마라, 알겠지?"

정배는 힘차게 고개를 끄덕였다. 그러다 우뚝 걸음을 멈추었다. 시골에 갔던 엄마가 돌아와 집 앞에서 기다리고 있었다.

"엄마, 머리, 머리가……."

정배는 놀라서 말을 잇지 못했다.

"아이고, 얼마나 시원한지 몰라. 정배야, 엄마 가발 공장에 취직했어. 내일 월사금 줄 테니 앞으로 걱정 말고 공부만 열심히 해."

정배는 "엄마." 하고 달려가 폭 안겼다. 방정환은 머리를 잘라 자식의 학비를 마련한 정배 엄마를 보며 눈시울이 뜨거워졌다.

달과 가장 가까운 동네에서 바라보는 보름달은 유난히 환했다. 방정환은 다시 구멍가게로 내려와 밤새 아이들이 읽을 이야기책을 썼다. 마부도 곁을 지켰다. 해가 뜰 무렵 방정환이 공책을 덮었다.

"갑시다. 이제 다 됐소."

방정환을 태운 마차가 아침 해를 등지고 힘차게 출발했다.

"다음은 어디예요? 어떤 아이들을 만나게 되는 거요?"

"바느질은 좀 해 봤소? 곧 도착할 곳은 지금까지와는 많이 다를 테니 각오하는 게 좋을 거예요."

마부가 엉뚱한 대답을 했다. 방정환은 '하여간 귀신은 믿을 게 못 된다'며 툴툴댔다. 덜컹, 마차가 요동쳤다.

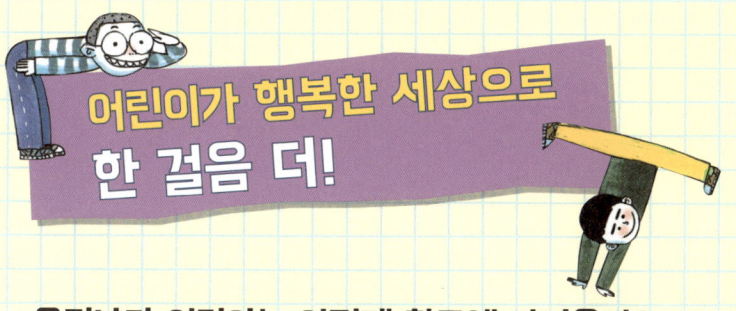

어린이가 행복한 세상으로 한 걸음 더!

우리나라 어린이는 어떻게 학교에 다녔을까?

옛날에는 남자아이들만 서당에서 공부를 했다. 고종 황제가 소학교 교육을 시작한 이후로 여자아이들도 학교에 다니게 되었다. 그리고 해방이 된 뒤 만 6세가 되면 무조건 국민학교에 입학하도록 법이 정해졌다. 그러나 전쟁으로 아이들은 제대로 된 교육을 받지 못했다. 전쟁이 끝난 뒤에는 흉년이 계속되어 농촌이건 도시건 살기가 어려웠다. 하지만 자식이 까막눈을 면하길 바라는 부모들은 어떻게든 국민학교만이라도 졸업시키려고 했다.

교육열이 높아 어린이들이 교육받을 권리가 잘 지켜졌을 것 같지만, 집안 사정이 어려운 아이들은 흔히 월사금 또는 사친회비라 부르던 수업료를 내지 못해 학교를 그만두었다. 돈이 없어 중학교 진학을 포기하는 경우도 많았다. 다행히 1968년 중학교 시험이 없어지고, 몇 차례 교육 과정이 바뀌면서 지금은 초등학교에서 고등학교까지 누구나 돈을 내지 않고 공부할 수 있게 되었다.

28조 교육받을 권리
29조 교육의 목적

어린이가 교육받을 권리

교육은 가장 기본적인 어린이의 인권이다. 나라에서는 어린이가 돈 걱정 없이 교육받도록 힘써야 한다. 이때 말하는 교육은 교과서를 배우고, 시험을 보기 위한 것만이 아니다. **지식을 얻는 것은 물론이고 어린이로서의 권리를 배우고, 다양한 문화를 존중하고, 자유와 평등을 깨우치는 교육을 말한다.**

어른들은 열심히 공부해야 한다고만 말할 게 아니라, 어린이의 생각에 귀 기울여 주고, 함께 이야기해야 한다. 스스로 공부하는 습관을 갖고, 재능을 발견하여 어린이가 자신의 꿈을 찾아가는 과정이 진짜 공부이기 때문이다.

4장
꿈을 싣고 돌아가는 재봉틀

막 동이 튼 뒤 마차는 사람들로 붐비는 1970년 10월의 청계천 평화시장 뒷골목에 멈추었다. 열여덟 살, 재단사 보조가 된 방정환은 한 남자의 손에 이끌려 어느 건물로 들어갔다. 건물 2층에는 좁디좁은 공장이 빼곡했다. 방정환은 이곳에서 무엇을 보게 될까?

"성식이 형, 정환이 데려오셨네요?"

앳된 청년이 정환 일행을 반겼다. 성식이 형. 거리에서 두리번거리는 방정환에게 다가온 사람이다. 형은 일감이 밀렸다며 어서 들어가자고 재촉했다.

어른 키의 두 배쯤 되는 높이를 두 층으로 나누어 칸칸이 만든 다락방에 여자아이들이 빽빽하게 앉아 재봉틀을 돌렸다. 허리를 펴고 일어설 수도 없는 곳에서 재봉틀과 한 몸인 것처럼 꼭 붙어 있었다.

"창근이, 정환이! 재단한 옷감 나눠 주고 작업량 확인해."

성식이 형이 재단한 옷감을 한 무더기 안겨 주었다.

　방정환은 눈치껏 일감을 나누어 주었다. 곳곳에서 한숨이 푹푹 새어 나왔다. 콜록콜록 기침 소리도 간간이 들려왔다.
　"영숙이 너, 오늘은 잘해라. 3번 라인 작업량 자꾸 떨어진다."
　성식이 형이 지나가며 으름장을 놓았다. 영숙이라 불린 아이는 시무룩하게 옷감을 받아 들었다. 유난히 앳된 소녀였다. 재봉틀 돌아가는 소리가 공장을 채웠다.
　방정환은 재단실로 갔다. 성식이 형은 능숙한 솜씨로 본을 대고 옷감을 잘랐다. 떨어진 옷감을 줍고 청소도 하고 잔심부름을 하며 오전 내내 묵묵히 일만 했다.

　점심이 되자 성식이 형은 창근이를 데리고 나갔다. 방정환은 공장 구석 허름한 쪽방으로 갔다. 마부가 도시락을 꺼내 놓고 기다리고 있었다.

　"이래서 바느질 좀 해 봤냐고 물었구먼. 아이고, 삭신이 쑤시네."

　방정환이 의자에 털썩 주저앉았다. 마부는 재밌다는 표정이었다.

　"큭큭, 제법 잘하던데 뭘 그러오. 재단사 보조인 당신은 그래도 사정이 나은 거요. 미싱사, 미싱 보조는 화장실 갈 시간까지 아껴서 하루 꼬박 열네 시간씩 일한다고요."

　"뭐? 다들 어린 여자아이들이잖소! 햇빛 한 조각 못 보고 한밤중까지 먼지 가득한 공장에만 있다는 얘긴가?"

　마부는 고개를 끄덕이고 설명을 이었다. 전쟁 이후 청계천 주변에 옷 만드는 공장이 많아졌다. 농촌에 살던 어린 여자아이들이 공장으로 몰려들었다. 가족의 생계를 잇기 위해, 오빠의 학비를 벌기 위해, 부모님이 농사지을 돈을 마련하기 위해 이 좁은 공장에서 하루 종일 뽀얀 먼지를 뒤집어쓰고 있는 거란다.

　"아까 혼난 영숙이는 국민학교 5학년을 마치고 언니를 따라 올라왔어요. 열다섯이라고 속였는데 실은 열세 살이라오."

　마부의 마지막 말에 방정환은 얼굴을 찌푸렸다.

　"너무하는군. 겨우 열세 살 어린이에겐 힘든 노동인데."

그때 영숙이가 들어왔다. 마부는 몸을 감추었다.

"오빠, 누구랑 얘기했어?"

"어, 아니야, 얘기는 무슨. 이리 와서 밥 먹어."

영숙이는 고개를 갸우뚱하더니 방정환 옆에 앉아 맨밥뿐인 도시락을 허겁지겁 먹었다. 방정환은 자기 반찬을 영숙이 쪽으로 밀어 주었다.

숟가락을 놓은 영숙이가 조잘댔다.

"오빠는 재단사라 좋겠다. 우리처럼 꼼짝없이 재봉틀 앞에만 있는 건 아니잖아. 어휴, 난 한 달에 딱 두 번 쉬는데, 잠만 자. 피곤해서 뭘 할 수가 없어. 서울도 구경하고 싶고, 야학도 가고 싶은데 아무것도 못 해. 야학엔 딱 두 번 가 봤어. 계속 다니고 싶은데……."

"그러면 학교 더 다니지 왜 벌써 공장에 왔니?"

"아버지가 계집애가 학교 다니면 뭐 하냐고 오빠들 뒷바라지 하다 시집이나 가라고 그러잖아. 우리 큰언니는 열일곱 살에 시집갔거든. 그게 싫어서 둘째 언니 따라온 거야. 열심히 일해서 다시 학교 다닐 거야."

"영숙이 대견하구나."

방정환의 칭찬에 영숙이가 어깨를 으쓱했다.

"다들 그래. 미자 언니는 졸다가 미싱에 손가락을 찔리고…… 그런데도 다음 날 나와서 일했어. 월급을 시골집에 보내야 하니까. 오빠 오기 전에 은주 언니는 폐병 걸려서 쫓겨났어. 쿨럭쿨럭 기침을 자주 했는데, 어느 날 울컥 피를 토했어. 햇빛도 못 보고 실밥 먹어서 그렇대. 무서웠어."

방정환은 돌덩이를 씹는 것 같아 도시락을 덮었다.

"우리 언니는 가끔 바깥 구경이나 원 없이 하게 안내양이나 할 걸 그랬다고 투덜거리는데, 난 옷이 좋아. 나중에 꼭 양장점을 낼 거야. 근데 작년까지 태일이 오빠라고 있었는데……."

방문이 벌컥 열렸다. 성식이 형의 무서운 눈초리에 영숙이는 후다닥 도시락을 챙겨서 나갔다. 방정환도 얼른 재단실로 돌아갔다.

방정환이 눈치를 보다 슬쩍 말을 꺼냈다.

"여기는 어린 여자아이들이 참 많아요. 월급도 되게 적죠?"

"그렇지. 하루 일당으로 밥도 못 사 먹어."

창근이가 대답했다. 목구멍으로 뜨거운 것이 울컥 솟았다.

"어휴, 일본 놈들보다 더 하네요. 어린아이들을 하루 종일 빛도 안 들어오는 공장에서 부려먹고 쥐꼬리만 한 월급만 주다니, 뭔가 잘못되어도 크게 잘못된 거 같아요."

"배부른 소리 하지 마라. 일하겠다는 사람은 많아. 잘리지 않으려면 입 다물고 일이나 해."

성식이 형이 단호하게 말했다.

방정환은 돈을 버느라 학교에 다니지 못하는 게 얼마나 속상한지 잘 알았다. 그래서 부모와 떨어져서 공장에서 먹고 자고 일하는 소녀들이 애처로웠고, 꿈을 잃지 않는 영숙이가 기특했다.

한밤중에야 일이 끝났다. 컴컴한 공장에서는 해가 지는 줄도 몰랐다. 그런데 말없이 일만 하던 성식이 형이 어딘가 같이 가자고 했다.

"태일이 형 만나러 가는 거야. 태일이 형이 뭐 하는지 알지?"

점심 먹을 때 영숙이가 꺼낸 이름이다. 방정환이 아리송한 표정을 짓자 창근이가 말을 보탰다.

"넌 구로 공단에 있다 와서 태일이 형 잘 모르는구나. 재단사 형인데, 우리 같은 노동자를 위해 발 벗고 나서는 사람이야. 태일이 형이 할 일 있다고 사람 좀 모으라고 했는데, 너도 관심 있을 거 같아서."

'뭔가 하고들 있구나!'

어린이 건강 해치는 어린이 노동은 그만!

방정환은 보통학교를 마치고 열다섯 살 때 선린상업학교에 진학했으나, 집안 형편이 어려워져 이듬해 그만두었다. 이후 토지조사국에 취직해 문서를 필사하는 일을 했다. 일을 마치고 집에 오면 밤늦도록 책을 붙들고 배움의 열망을 채웠다. 1960~1970년대에도 일하면서 밤에는 공부하는 어린이, 청소년이 많았다. 하지만 성장기 어린이, 청소년에게 충분한 휴식이 꼭 필요하다.

가슴이 뛰었다. 삼일 운동 때 일본 경찰 몰래 신문을 찍어 소식을 알렸던 일이 떠올랐다. 궁금했지만 방정환은 일단 조용히 따라갔다.

"여공들에게 일당으로 풀빵을 사 주고, 아픈 애를 집에 보내고 자기가 대신 미싱 돌리다 사장에게 밉보여서 쫓겨난 사람이라오. 평화시장 노동자도 사람답게 살 권리를 찾자고 힘쓰다가 이 바닥에 발을 못 붙이고 있어요. 사장들 사이에 소문이 나는 바람에 취직하기도 힘들어졌지."

언제 나타났는지 마부가 거들었다.

"아이고 깜짝이야! 기척을 하든가 진작 이야기를 해 주든가. 놀라서 심장이 발바닥까지 떨어졌지 않소?"

방정환이 나직이 내뱉었다.

"뭐 해? 빨리 들어와."

성식이 형의 손짓에 방정환이 후다닥 뛰어갔다.

좁은 방이 사람들로 꽉 차 있었다. 가을바람이 선선했지만, 방 안은 사람들이 내뿜는 열기로 후끈했다. 방정환도 한쪽 구석에 앉았다.

"하루 적정 근로 시간은 여덟 시간이야. 만 열여덟 살 이하 아이들은 일곱 시간 이상 일하면 근로기준법 위반이지. 환기가 되지 않아 어린 미싱사들이 폐병에 걸리고, 잠 깨는 약을 먹어 가며 며칠 밤을

샐 때도 있어. 그것도 바뀌어야 해."

누군가 열변을 토하고 있었다.

'저 사람인가? 태일이 형.'

태일이 형은 근로기준법을 위반한 작업 환경을 고발하는 진정서를 써서 노동청에 제출한다고 했다. 그러면 신문사에서 기사를 실어 주기로 약속했단다.

방정환은 진정서 내용을 보다 조심스럽게 제안했다.

"영숙이 같은 아이들이 한 달에 네 번 일요일마다 쉴 수 있어야 해요. 골병이 들어 꿈을 포기하지 않도록 말이에요. 여기에 '이대로는 건강을 더 이상 유지할 수가 없어 당국의 강력한 시정 조치가 요구된다.'라고 덧붙이면 어떨까요?"

"이야. 너 제법이다. 어려운 말도 척척 쓰고."

성식이 형이 놀랐다. 방정환은 머리를 긁적였다.

"어릴 때 할아버지에게 천자문 몇 자 배웠어요."

글 솜씨라면 누구에게도 뒤지지 않는 방정환은 태일이 형 옆에서 진정서 쓰는 걸 도왔다.

어느덧 동이 터 왔다. 방정환은 바람을 좀 쐬고 오겠다며 빠져나와 건물 뒤편으로 향했다. 해가 건물 옥상을 타고 올라오고 있었다.

방정환은 절망의 끝에서 희망을 보았다. 세상은 어린 노동자들의 열악한 노동 실태를 알고 어떤 반응을 보일까? 어린 노동자들이 꿈을 이룰 수 있도록 바뀔까?

 며칠 뒤 일어날 일의 결과는 알 수 없지만, 가슴이 두근거렸다. 꼬박 밤을 새웠어도 피곤한 줄 몰랐다. 마부 역시 뿌듯한 얼굴이었다. 말발굽 소리가 그 어느 때보다 경쾌했다.

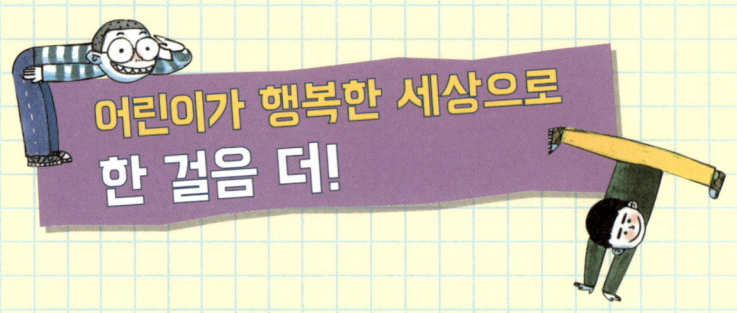

어린이가 행복한 세상으로 한 걸음 더!

일하는 어린이들의 인권은 어땠을까?

　농촌 사회였던 옛날의 어린이들은 일을 돕는 것이 하루 일과의 많은 부분을 차지했다. 남자아이는 소죽 끓이기, 가축 모이 주기, 나무하기 등을 도왔고, 여자아이는 부엌일, 빨래, 나물 캐는 일 등을 도왔다. 일제 강점기에는 군수 물자 공장이 생기면서 공장에서 일하는 어린이도 많아졌다. 1920년대 방정환과 같은 소년 운동가들은 어린이 노동을 금지하고 어린이가 학교에 다녀야 한다고 주장했다.

　하지만 전쟁을 겪고 난 뒤, 일하는 어린이들의 인권은 더욱 어려워졌다. 1970년대에는 가난 때문에 학교 대신 공장을 택한 어린이들이 많았지만 경제 개발을 최우선의 목표로 삼으면서, 어린이 노동자들의 인권은 등한시했다. 그때 전태일처럼 노동자들의 권리를 보장하라며 앞장선 사람들이 있었다. 이후 어린이 노동에 관한 의식과 법이 개선되었다. 현재는 특수한 경우를 제외하고 15세 미만의 미성년자는 근로 활동을 할 수 없다. 18세 미만의 청소년은 근로계약서를 쓰고 보호자의 동의서와 가족관계증명서 등을 제출하고 아르바이트를 할 수 있다.

31조 여가와 놀이
32조 아동 노동으로부터 보호
36조 모든 착취로부터 보호

어린이가 일하지 않고 쉴 권리

어린이 노동은 18세 미만 미성년자의 노동을 가리킨다. 어린이는 충분한 휴식과 여가 생활을 즐기며 문화, 예술 활동에 참여할 권리가 있다. 성장기 어린이들에게 위험하거나 교육에 방해가 되거나 해가 되는 노동을 시켜서는 안 된다.

어떤 나라에서는 아직도 어린이들이 벽돌을 나르고, 카펫을 짜고, 코코아를 따거나 콜탄을 캐 가족을 먹여 살리고 있다. 축구공 공장이나 운동화 공장에서 하루 종일 바느질을 하기도 한다. 부모가 돈을 받고 어린이를 공장이나 농장에 보내는 경우도 있다. 세계 여러 나라에서는 어린이 노동으로 만든 제품을 구매하지 말자는 운동을 하는 등 어린이 노동을 막기 위한 노력을 하고 있다.

5장
달그락, 도시락

밤을 꼬박 새우고 마차에 탄 뒤 잠이 들었는데, 시끄러운 소리에 눈을 번쩍 떴다. 1988년 7월, 시골 읍내의 보건소 의사가 된 방정환은 얼른 소리가 난 곳으로 달려갔다. 한 여자아이가 쓰러져 있었다. 방정환은 아이를 업고 보건소로 뛰어갔다. 아이에겐 어떤 사정이 있는 것일까?

다행히 보건소는 멀지 않았다.

방정환은 아이를 진료실 침대에 눕혔다. 뒤따라온 남자아이가 걱정스럽게 쳐다보았다.

"선생님, 정미 괜찮은 거예요?"

"잠시 정신을 잃은 것 같구나. 곧 깨어날 테니 너무 걱정 마라."

남자아이는 가슴을 쓸어내렸다.

"휴, 선생님 고맙습니다. 전 정미랑 같은 반 진수예요."

"고맙긴. 그런데 정미는 어쩌다 쓰러졌니?"

"어, 제 생각엔 오늘 점심을 안 먹어서 그런 것 같아요."

진수 목소리에 걱정이 가득했다.

"점심 도시락을 안 먹었다는 거니?"

"네, 정미가 할머니랑 둘이 사는데요, 할머니가 편찮으셔서 요즘 도시락을 잘 못 챙겨 주세요. 우리 엄마가 정미 도시락까지 싸 줬는데, 종이 땡 치자마자 사라져 버렸어요."

"그랬구나."

방정환은 깊이 잠든 정미를 물끄러미 내려다보았다. 진수는 정미가 깨어나면 같이 집에 가겠다며 진료실 밖 복도로 나갔다. 아무도 없는 틈을 타 마부가 말을 걸어 왔다.

"할머니가 밭일을 하며 정미를 키우는데, 도시락을 챙겨 주는 게 힘드신 모양이오. 정미가 감자를 삶아 가기도 하고, 직접 도시락을 싸기도 했는데, 친구들이 만날 똑같은 반찬 싸 오냐고 하고, 자기들 반찬하고 비교하니까 속상해서 굶는 날이 많아요."

"아직도 밥을 굶는 아이가 있다니 기가 막히는군요."

방정환이 고개를 저었다.

"선생님이 가정 형편이 어려운 아이들에게 나눠 주는 도시락을 신청해 줬는데, 정미가 안 먹어요. 동네 사람들이 반찬도 챙겨 주고, 진수네 엄마가 도시락을 싸 주기도 하는데, 그것도 창피해해요."

그때였다. 정미가 부스스 일어났다. 하얗게 질렸던 얼굴에 생기가 돌아왔다.

"정미야, 정신이 드니?"

방정환의 말에 진수가 후닥닥 튀어 들어왔다.

"야, 김정미!"

방정환은 진수를 보며 '쉿' 하고 입술에 손가락을 댔다. 그러고는 다정하지만 엄한 목소리로 꾸짖었다.

"정미야, 자꾸 도시락 안 먹고 굶으면 안 돼. 오늘은 잠깐 어지러워서 쓰러진 거지만, 앞으로 또 그러면 정말 큰일 나. 영양실조에 걸릴 수 있단 말이야."

"의사 선생님 말씀 잘 들었지? 그러니까 집에 가서 밥 꼭 챙겨 먹어야 한다. 내일 너희 마을에 가는 날이니 할

머니를 뵙고 와야겠구나."

간호사가 방정환의 말을 거들었다.

"네."

정미는 힘없는 목소리로 대답했다.

"내가 밥 같이 먹자니까. 하여간 고집 부리다가 이게 뭐냐?"

진수가 잔소리를 퍼부었다.

둘이 돌아가고 방정환은 간호사와 이야기를 나누었다.

"이 동네에 정미 같은 아이들이 많나요?"

"농사짓는 게 바빠서 제때 밥을 못 챙겨 주는 부모도 많고, 영양 부족으로 성장이 더딘 아이들도 있어요. 어른들에게 아이들 건강 이야기를 해도 옛날에는 그냥 둬도 잘 컸다고만 하시지요."

간호사 목소리에 안타까움이 깊었다.

"정미가 꼭 어렸을 때 제 모습 같아서 마음이 아프네요. 한창 자랄 때라 균형 잡힌 식생활이 중요한데 말이죠."

"그러게 말이에요. 아직 갈 길이 멀어요."

1980년대 들어서며 어린이 예방 접종이 시작되고, 예전보다 어린이들이 건강해지긴 했지만 영양실조로 쓰러지고 목숨을 잃는 아이들이 여전히 있다고 한다. 방정환은 간호사의 이야기를 들으며 고민에 빠졌다.

'휴, 어른들이 어린이 건강과 안전에 조금 더 신경 써 줄 방법이 없을까?'

간호사가 퇴근한 뒤에도 방정환은 진료실에 혼자 남아 뭔가 분주히 준비했다. 마부가 어깨너머로 들여다보았다.

"뭘 하는 거요?"

"옛날에도 잘못된 생활 습관을 바로잡는 글을 잡지에 싣곤 했어요. 마침 내일 정미네 마을에 가는 날이고 하니, 아이와 어른이 보는 벽보를 만들어 나눠 주면 어떨까요? 아이들이 잘 먹고 잘 자라는 것도 권리이고, 어른들이 그걸 지켜 줘야 한다고 말이에요. 정미 같은 아이들이 먹어야 할 음식도 알려 주고요."

"좋은 생각이네요! 글을 쓰고 벽보 만드는 건 전문일 테니!"

마부가 호들갑을 떨었다.

골고루 먹는다는 것

열 살 때 집안이 어려워지면서 방정환 가족은 밥 먹는 것도 힘들었다. 방정환은 등굣길에 고모 집에서 도시락을 얻어 갔다. 고모부가 있는 날에는 그마저도 없었다. 그런 날은 교실 밖에서 숨어 있었다. 점심을 싸 오지 못한 것을 아이들에게 들키기 싫었기 때문이다. 방정환은 한참 잘 먹고 잘 자라야 할 나이에 가난의 쓰라림을 겪었다.

다음 날 아침, 정미네 마을에 도착하니 마을 어귀에 정미와 진수가 마중 나와 있었다.

"얘들아, 옛날이야기 하나 해 줄까?"

방정환의 말에 아이들이 좋다며 방방 뛰었다.

"옛날에 어떤 아이가 살았는데, 집이 엄청 가난했어. 그래서 학교에 도시락을 가져가지 못하는 날이 많았어. 얼마나 창피하던지 점심시간이면 교실 밖에 나가 숨어 있었대."

"배 엄청 고팠겠다. 꼭 누구누구 같네."

진수가 끼어들었다. 정미가 그런 진수를 쫙 째려보았다.

"어떨 때는 고모네 집에 들러서 밥을 얻어 가기도 했는데, 고모부가 있는 날에는 밥도 못 얻었어. 고모부가 아주아주 싫어했거든. 그러면 아이는 점심을 쫄쫄 굶는 수밖에 없었지."

"와, 못됐다. 조카한테 밥 좀 주지!"

"하지만 그 아이는 엄마가 미안해하면서 우는 걸 보고 더 씩씩하게 살기로 마음먹었대. 친구들하고도 더 재미있게 놀았지. 그래서……."

아이들이 눈을 반짝이며 방정환을 쳐다보았다.

"그래서요? 그래서 어떻게 됐어요?"

"나중에 잘 커서 어린이들을 돕는 일을 하고 있단다. 그 사람이……."

"바로 의사 선생님이에요?"

진수가 손뼉을 짝 치더니 방정환의 말을 가로챘다.

"그래. 바로 나란다. 도움을 받는 건 부끄러운 게 아니야. 어린이는 건강하게 자랄 권리가 있단다. 그래야 이다음에 누군가를 도울 수 있지 않겠니?"

정미는 고개를 푹 숙이고 발끝으로 땅만 찼다.

"야, 우리 엄마가 싸 준 도시락 먹고, 다른 사람 도와주면 되겠네. 바로 나 같은 사람. 나 산수 숙제 좀 보여 줘."

진수가 또 끼어들었다.

"쯧쯧, 웃기시네. 그거랑 그건 별개거든."

정미가 어처구니없는 얼굴로 혀를 찼다. 마을 회관에 도착하자, 이장님이 마을에 방송을 해 주었다.

"주민들에게 알립니다. 오늘 보건소에서 의사 선생님이 오셨습니다. 마을 회관 앞으로 모여 주시기 바랍니다."

곧 주민들이 모였다. 정미네 할머니도 왔다.

"되도록 아이들에게 영양을 고루 담아서 도시락 반찬을 준비해 주세요. 아이들이 먹으면 좋을 반찬을 알려 드릴게요. 이 종이를 붙여 두고 준비하세요."

방정환은 아이들 건강을 챙기는 것이 왜 중요한지 이야기했다. 정미가 쓰러졌다는 이야기를 들어서인지 어른들은 귀를 기울였다.

"그리고 어린이들은 엄마 아빠나 할머니가 바쁘면 준비해 둔 반찬을 스스로 싸 가도록 해요. 알겠죠? 키가 쑥쑥 크고 몸도 튼튼해지려면 편식하면 안 돼요. 반찬 투정 하면 안 돼요."

"네!"

방정환은 마을을 떠나며 정미에게 한 번 더 당부했다.

"정미야, 할머니 건강이 좋아지실 때까지는 마을 사람들의 도움도 받고, 학교에서 주는 도시락 꼭꼭 먹어야 해. 또 쓰러지면 안 된다."

"네, 선생님!"

정미가 활짝 웃었다.

장터 골목에 돌아오니 마부가 마차에서 꼬박꼬박 졸고 있었다.

"이제는 따라오지도 않고 졸기나 하는 거요? 너무하잖아요!"

"내가 없어도 잘하면서 뭘 그러시오. 허허, 어서 다음 아이를 만나러 갑시다."

정미와 진수처럼 티격태격하는 두 사람을 태우고, 마차는 푸르디푸른 하늘을 힘차게 달렸다.

어린이가 행복한 세상으로 한 걸음 더!

건강하고 씩씩한 어린이

1980년대 후반은 경제가 성장하며 생활 수준도 하루가 다르게 성장하던 시기였다. 가난에서 조금씩 벗어나고, 예방 접종으로 어린이 건강 수준이 조금씩 향상되고 있었다. 그러나 어린이의 삶이 고르게 좋아진 건 아니었다. 집안 형편이 좋지 않아 하루 세끼 중 한 끼를 거르거나 도시락을 제대로 못 싸 가는 어린이도 많았다. 학교에서는 빵과 우유, 도시락을 나누어 주었지만, 영양이 부족한 경우가 많았다.

따라서 생활 식습관 개선과 영양 교육, 체력 개선을 위해 급식이 필요했다. 1988년 학교 급식 논의가 시작되었고, 10년 뒤인 1998년 전국 초등학교에서 급식이 실시되었다. 이후 현재 '학교급식법'에 따라 고등학교까지 의무 급식이 시행되고 있다. 급식은 단순히 어린이를 한 번 돕는 것이 아닌, 자라는 데 필요한 영양과 건강을 세심하게 준비하는 것이라는 인식이 중요하다. 요즘도 영양과 발육이 부진한 어린이가 있는 만큼, 모두가 차별 없이 영양가 있는 학교 급식을 제공받고 건강하게 자라야 한다.

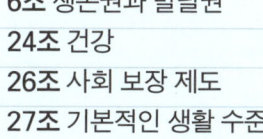

6조 생존권과 발달권
24조 건강
26조 사회 보장 제도
27조 기본적인 생활 수준

어린이가 건강하게 자랄 권리

모든 어린이는 타고난 생명을 보호받을 권리가 있다. 나라에서는 신체검사와 예방 접종을 실시해 **어린이가 안전한 환경에서 건강하게 자라도록 해야 한다.** 이는 어린이의 발달권을 보장하는 것이다.

지금도 일부 국가에서는 오랜 전쟁, 가뭄과 홍수 같은 기상 이변으로 인해 음식과 마실 물이 부족해 사람들이 어려움을 겪고 있다. 특히 많은 어린이들이 영양실조나 병에 걸려도 바로 치료받지 못해 목숨을 잃는다. **국가와 사회는 어린이가 충분한 영양을 섭취하고, 병에 걸렸을 때 병원이나 보건소 등에서 치료받고, 건강을 되찾을 수 있도록 도와야 한다.**

6장
혼자 날리는 종이비행기

마차는 1999년, 어느 동네 뒷산에 멈추었다. 방정환은 다세대 주택이 다닥다닥 붙어 있는 동네로 내려갔다. 고등학생이 된 방정환은 주말에도 혼자 빈집을 지키는 이웃 아이를 만나게 된다. 이 아이에겐 어떤 사연이 있을까?

무언가 날아와 방정환의 머리를 콕 찍었다.

"어떤 녀석이야!"

방정환은 버럭 소리를 지르며 옥상을 올려다보았다. 작은 얼굴 하나가 쏙 들어갔다. 부리나케 건물로 뛰어 들어갔지만 현관문이 쾅 닫히는 소리만 들렸다.

"어느 집으로 들어갔는지 알 수가 없군요."

씩씩대는 방정환을 보며 마부가 히죽히죽 웃었다.

"오죽 심심했으면 아이가 이 저녁 시간에 비행기를 날렸겠어요."

"심심해도 그렇지요. 눈에 찔렸어 봐요. 생각만 해도 끔찍하네."

종이비행기를 집어 들고 보니 언뜻 글자가 보였다. 방정환은 대수롭지 않게 펼쳐 보았다. 그러나 점점 얼굴이 굳었다.
　마부가 방정환 옆에 쭈그리고 앉았다.
　"거봐요. 사정이 있다고 했잖소. 3학년 선재는 302호에 살아요. 엄마랑 산 지 얼마 안 됐지요. 엄마가 바빠서 혼자 있는 날이 많지만, 아빠한테 맞으며 살던 때보다 지금이 훨씬 좋다고 생각한답니다. 그땐 얼굴이며 온몸이 멍투성이에다 학교를 빼먹는 날도 많았

선재 어머니께

안녕하세요. 선재 담임입니다.
몇 번 전화를 드렸는데, 받지 않으셔서 편지를 드립니다.
선재가 숙제를 잘 안 해 오고, 준비물을 챙기지 않는 날이 많습니다.
어머니께서 늦게 돌아오셔서, 선재가 혼자 있는 시간이 너무 긴 것 같습니다. **혼자 있어도 돼요. 혼자 밥 먹긴 싫지만.**
선재는 아직 심리 상태가 불안정해서 상담을 받고, 돌봄을 받아야 합니다. 방치되고 있는 아이들도 신체적인 폭력을 당하는 것만큼 마음의 상처를 받기 마련입니다. **난 괜찮거든요?**
선재가 지역아동센터에서 도움을 받으면 어떨까요? **싫어요. 아빠한테 다시 보내면 어떡하라고.**
편지 보시면 언제든 전화를 주십시오.
그래도 엄마가 일찍 오면 좋겠다.

어요."

 선재는 엄마 아빠가 이혼한 뒤 아빠랑 살면서 하루가 멀다 하고 매를 맞았다. 이를 눈여겨보던 담임 선생님이 선재가 이틀 결석 후 얼굴에 멍이 가득한 채로 학교에 오자 선재 엄마에게 연락을 했다. 그 뒤 엄마와 살게 되었지만 선재는 여전히 숙제며 준비물을 잘 챙기지 못하고 친구들과도 어울리지 못했다. 선재 사정을 아는 새 담임 선생님이 도움을 주려고 엄마에게 연락을 한 참이었다.

 "선재에게 그런 아픔이 있었군요."

 방정환은 집에 들어가서 선재가 나오길 기다렸다. 마부가 조금 더 이야기를 들려주었다.

 "요 몇 년 사이 이 나라가 경제적으로 어려움을 겪고 있다오. 부모님이 직장을 잃거나 사업에 실패하는 경우도 있고, 뿔뿔이 흩어져 사는 가족도 늘었어요. 안타깝게도 아이들을 때리거나 버려두는 부모도 많아졌지요. 다행히 선재가 102호 사는 당신을 형처럼 잘 따르고 있으니 데리고 이야기해 봐요."

 그때였다. 타닥타닥 계단을 내려가는 발걸음 소리가 들렸다. 문을 열고 기다리기를 한참, 선재가 비닐봉지를 빙빙 돌리며 돌아왔다.

"선재야!"

"깜짝이야. 놀랐잖아, 형!"

선재가 버럭 소리를 질렀다. 방정환은 종이비행기를 선재 눈앞에 내밀었다.

"놀랐다고? 야, 나는 아까 더 깜짝 놀랐어."

선재가 헉 하더니 개미만 한 목소리로 대답했다.

"미안해, 형."

방정환은 계단에 앉아 옆자리를 손바닥으로 탁탁 두드렸다.

"그럼 여기 앉아 봐. 형이랑 얘기 좀 하자."

선재는 고분고분 앉았다.

"형이 종이비행기 읽어 봤다. 허락 없이 본 건 미안한데, 너 왜 그걸 엄마한테 안 드리고 버린 거냐?"

선재는 한참 말이 없었다. 방정환은 가만히 기다렸다.

"엄마가 다시 아빠한테 가라고 할까 봐. 그건 정말 싫어."

"아빠랑 살 때 그렇게 힘들었어?"

"응. 아빠는 술만 마시면 악마로 변했어. 발로 차고 손에 잡히는 건 무엇이든 휘둘렀어. 나한테 물건도 마구 던졌어. 엄마랑 이혼하고 나서는 나를 엄청 때렸어. 한번은 옆집에서 신고를 해서 경찰이 온 적도 있는데, 아빠가 문을 안 열어 줘서 그냥 갔어. 난 현관문을 여는 소리가 들리면 꼼짝도 할 수 없었어. 정말 무서웠어."

그때 일이 떠올랐는지 선재 말끝에 물기가 서렸다. 방정환은 울먹이는 선재의 어깨를 안아 주었다.

"겨우 엄마랑 살게 됐는데, 걱정 끼치기 싫어. 엄마가 귀찮다고 날 버리면 어떡해? 오늘 받은 편지도 그래서 버리려고 했던 거야. 근데 형이 맞을 줄은 몰랐어."

방정환은 선재 어깨를 도닥이다 벌떡 일어났다.

"너, 밥도 안 먹었지? 자꾸 뭐 사 먹지 말고 형하고 같이 밥 먹자. 이 편지는 형이 엄마에게 전해 드릴 테니, 너도 네 마음을 솔직하게 말씀드려. 그리고 언제든 심심하면 형 찾아와. 공원에 가서 운동도 하고 밥도 같이 먹자. 알겠어?"

"응. 그럴게."

선재는 눈물을 쓱 훔치고 환하게 웃었다.

방정환은 다시 문을 열어 두고 선재 엄마를 기다렸다. 자정이 다 되어서야 선재 엄마가 돌아왔다.

"저, 아줌마. 선재가 밥을 잘 안 먹는 것 같아요. 집에 혼자 있기 싫어서 밖에서 돌아다닐 때도 많대요. 제가 신경 써 줄 수는 있지만, 학교에서 늦게 오니 자주 만날 수 없더라고요. 아무래도 어른들 도움이 더 필요할 것 같아요."

방정환은 종이비행기를 내밀었다.

"선재는요, 엄마가 자기를 귀찮아하고 다시 아빠한테 보낼까 봐 걱정돼서 괜찮은 척하는 거래요."

선재 엄마는 종이비행기를 펼쳐 보고는 눈물만 뚝뚝 흘렸다.

방정환의 당부 덕분일까? 선재 엄마는 다음 날 일을 마치고 일찍 돌아왔다. 곧이어 담임 선생님과 지역아동센터 사회복지사들이 찾아왔다. 방정환도 수업이 끝나자마자 선재네 집으로 부리나케 뛰어왔다. 선재네 집은 어수선했다. 주방에는 설거지가 쌓여 있고, 선재 방에는 입고 벗어 놓은 옷이 수북했다. 선재를 도우려는 사람들이 302호에 모여 이야기를 나누었다.

"아이들이 집에 혼자 있을 수도 있지요. 어머니도 최선을 다하셨을 거예요. 하지만 아이를 때리고, 험한 말을 하는 것만이 학대는 아니에요. 아이를 돌보지 않고 내버려 두는 것 역시 아이 마음에 상처를 주는 일이지요. 많은 부모들이 그걸 모르고 있어요."

복지사 선생님의 말에 선재 엄마는 고개를 푹 숙였다. 선재는 엄마 손을 꼭 잡고 말없이 앉아 있었다.

"아침 일찍 나갔다 밤늦게나 와서 선재 얼굴도 못 볼 때가 많아요. 일에 지쳐 잘 챙겨 주지는 못했지만, 선재가 아빠하고 살 때보다 좋다고 해서 그런 줄로만 알았어요. 선재야, 미안해. 엄마가 좀 더 노력할게."

선재 엄마가 진심으로 선재에게 사과했다.

앞으로 선재는 지역아동센터 돌봄 교실에서 공부도 하고 저녁도 먹고 오기로 했다.

방정환은 한결 편한 마음으로 뒷산에 올랐다.

"세상은 크게 바뀌었지만, 아이들에게 가장 소중한 건 변함없이 부모의 관심과 사랑이군요. 아이들이 부모 곁에서 잘 보호받으며 자랄 수 있으면 좋겠어요."

"분명 그럴 거요. 선재 담임 선생님이나 지역아동센터 선생님들처럼 어린이들에게 관심을 갖는 어른들이 있으니 말이오."

방정환과 마부는 또 다른 시대로 힘차게 내달렸다.

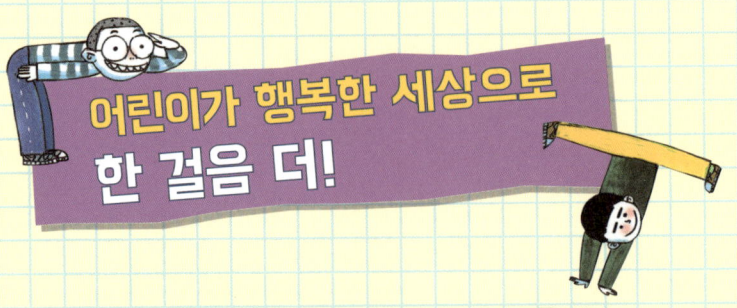

어린이가 행복한 세상으로 한 걸음 더!

우리나라 어린이는 폭력에서 자유로울까?

　옛날에는 체벌을 어린이를 교육하는 방법의 하나로 생각했다. 학교에서는 숙제를 안 하거나 시험을 잘 못 보면 매를 맞기도 했고, 가정에서도 잘못한 일이 있으면 부모들은 회초리를 들었다. 하지만 어린이의 인권을 침해하기 때문에 학교에서 체벌이 금지되었다.

　문제는 가정이었다. 1990년대 후반 경제 악화로 많은 가정이 경제적 어려움을 겪으며 돌봄을 받지 못하는 어린이가 늘었다. 신체적 폭력을 당하면 겉으로 드러나지만, 방임되는 어린이는 오랫동안 발견되지 않는 경우도 많다. 어린이가 보호받으며 자라야 하는 권리를 침해하는 것이다. 유니세프 등 어린이 단체들은 매년 11월 19일을 '세계 아동 학대 예방의 날'로 정해 심각성을 알리고 있다. 우리나라에서는 2014년 '아동 학대 처벌법'이 제정되어 아동 학대를 강력하게 처벌할 수 있게 되었다.

3조 아동의 이익 최우선
18조 부모의 책임
19조 폭력과 학대
34조 성 착취로부터 보호
35조 인신매매와 유괴로부터 보호

어린이가 폭력을 당하지 않을 권리

아동 학대란 부모와 같은 보호자가 18세 미만 아동의 건강과 복지를 해쳐 신체적으로나 정신적으로 정상적인 발달에 영향을 주는 것을 말한다. 신체적 폭력뿐 아니라, 욕설 등 언어폭력과 성적 폭력, 아이를 버리거나 돌보지 않는 방임 및 유기도 포함한다.

이런 어린이들은 마음속에 부정적인 감정이 생기고 쉽게 지워지지 않는 신체적, 정신적 상처가 남을 수 있다. 보호자는 어린이에게 무엇이 필요한지 알고 잘 기를 책임이 있다. 그리고 **어린이들은 폭력으로부터 보호받을 권리가 있다.** 어른들은 어린이가 유괴를 당하거나 물건처럼 사고팔리지 않도록, 어린이를 성적으로 학대하거나 성과 관련된 활동에 이용하지 못하도록 감시해야 한다.

★ 주위에서 아동 학대가 의심되는 일이 있으면 누구든 시군구 긴급 전화 또는 수사 기관에 신고할 수 있다. 또한 보건복지상담센터(129번)로 전화를 걸어 도움을 요청할 수도 있다.

7장
모두가 살색!

덜커덩, 마차가 요란스럽게 멈춘 곳은 계단참이었다. 2006년 서울의 한 초등학교에 도착한 것이다. 방정환은 자신이 6학년 학생이 되었다는 사실에 당황했다. 하지만 곧 어린이들과 친구가 된다는 생각에 가슴이 두근두근 뛰었다. 과연 교실에서는 어떤 일이 생길까?

"방정환! 수업 종 쳤는데 뭐 하니?"

선생님이 방정환을 불렀다. 6학년 4반. 방정환은 뒷문을 열고 들어가 두리번거렸다. 빈자리가 두 개였다.

"어제 전학 와서 아직 낯선가 보구나. 저기 맨 뒷자리다."

그렇다. 낯설기만 한 교실이다. 마부가 뒤에서 소곤거렸다.

"그동안 주로 어른 입장에서 어린이들의 삶을 들여다보지 않았소? 이제 어린이들과 친구가 된 거예요. 기대되지 않아요? 오늘 이 반 아이들이 특별한 수업을 할 테니 함께해 봐요."

방정환은 어리둥절한 얼굴로 고개를 까딱했다.

종이 쳤는데도 교실은 소란스러웠다. 선생님이 교탁을 탕탕 치고는 컴퓨터를 켜 사진을 화면에 띄웠다.

"자, 조용, 조용. 얘기했던 대로 오늘은 특별 수업을 할 거예요. 화면을 잘 보세요."

"이야, 신기하다. 저게 무슨 조화지?"

방정환이 놀라서 중얼거리자 짝꿍 한별이가 입에 손가락을 대고 조용히 하라는 눈빛을 보냈다. 방정환은 바로 입을 다물었다.

가장 먼저 보인 사진에는 연설을 하는 흑인 남자 위로 '나에게는 꿈이 있습니다.'라는 글씨가 쓰여 있었다.

"혹시 이 사람이 누구인지 알고 있나요?"

"흑인 인종 차별을 없애기 위해 노력한 마틴 루서 킹 목사 사진이에요. 옛날 미국에서는 흑인하고 백인이 버스도 따로 타고, 화장실도 따로 썼대요."

평소 책벌레라고 불리는 한별이가 정확히 설명했다.

이어 휠체어를 탄 장애인이 계단을 내려다보는 사진, 축구하는 남자아이들을 물끄러미 쳐다보는 여자아이 사진이 나왔다.

"이 사진들의 공통점을 찾았나요? 그래요. 모두 차별받은 경험을 보여 주는 사진이에요. 옛날이야기가 아니에요. 우리 주위에는 아직도 사람과 사람을 차별하는 일이 많아요. 성별이 다르다고, 피부색이 다르다고, 장애가 있다고 말이에요."

선생님의 말이 끝나자 교실이 조용해졌다. 조금 전까지와는 사뭇 다른 분위기에 방정환은 아이들 눈치만 살폈다.

"또, 어린이라고 차별받는 일도 있지요. 오늘 여러분하고 이야기하고 싶은 주제가 바로 '차별'이에요."

아이들은 빈자리를 힐끔힐끔 쳐다보았다. 교실은 숨 막히도록 조용했다. 쉬는 시간 종이 치자마자 방정환은 운동장 구석으로 달려 나가 마부에게 캐물었다.

"사실 며칠 전 이 반에는 사건이 하나 있었다오."

방정환은 침을 꼴깍 삼키고 이야기를 들었다.

사흘 전, 월요일 아침이었다. 아이들은 주말에 있었던 일을 조잘조잘 이야기하고 있었다.

"이것 봐라. 아빠가 사 줬어."

호철이가 게임기를 들고 와 자랑을 늘어놓았다. 남자아이들이 호철이 주위에 몰려들어 한 번만 해 보자며 아양을 떨었다. 앞자리에 앉은 하산도 뒤를 돌아 게임기를 만져 보았다.

"저리 가, 때 묻어."

날카로운 목소리에 하산이 얼른 손을 뗐다. 호철이는 얼굴을 팍 찌푸리고 게임기를 가방에 넣었다.

남자아이들이 짜증을 내며 하산을 몰아붙였다.

"야, 넌 왜 끼어들어?"

"너 때문에 못 해 봤잖아."

하산은 고개를 푹 수그리고 돌아앉았다. 하산은 세 살 때 부모님을 따라 방글라데시에서 한국으로 왔다. 10년 동안 한국에 살아서 자신이 한국인이라고 생각하지만, 피부색 때문에 차별을 받을 때면 속상했다.

그날 남자아이들은 평소보다 심하게 하산을 괴롭혔다. 수업 시간에 지우개를 던지고, 괜히 발을 걸어 넘어뜨리고, 일부러 어깨를 치고 지나가기도 했다. 그리고 4교시 수업 때 결국 일이 터지고 말았다.

선생님이 모둠별로 숙제를 내 줬는데, 호철이가 대놓고 투덜거렸다.

"재수 없게 애랑 같이 하네. 망했다 망했어. 하나마나 우리가 꼴찌야. 난 포기! 안 할래."

하산 얼굴이 붉으락푸르락했다. 보다 못한 한별이가 호철이에게 쏘아붙였다.

"그만해. 하산이 뭘 잘못했냐."

"컴퓨터도 없는 애가 무슨 조사를 하겠냐고. 나 같으면 민폐 끼치지 않고 자기 나라로 돌아가겠다."

"그래, 가면 될 거 아니야. 너네끼리 잘 먹고 잘 살아라!"

참다못한 하산이 벌떡 일어나 교실을 뛰쳐나갔다.

"그렇게 나간 하산이 사흘째 학교에 안 나오고 있어요."

나머지 빈자리의 주인공이 바로 하산이었다. 교실로 돌아와 자리에 앉으니 이가 빠진 것처럼 하산의 빈자리가 도드라져 보였다.

선생님은 화면에 사진을 다시 띄웠다. '모두 같은 살색입니다.'라고 쓰인 포스터가 보였다.

"이걸 보세요. 세 가지 색 크레파스예요. 우리가 쓰는 크레파스에는 '살색'이 있었어요. 우리나라 사람들처럼 동양인의 피부색에 붙인 이름이었어요. 하지만 백인들 입장에서는 하얀색이, 흑인들 입장에서는 검은색이 살색이겠지요? 그래서 이 세 가지 색 모두 살색이라고 할 수 있어요."

아이들이 고개를 끄덕였다.

"그래서 몇몇 어린이가 살색이라는 표현이 차별이라며 바꿔 달라고 요청을 했고, 국가인권위원회에서는 크레파스 회사에 살색 대신 '연주황'으로 고치라고 했어요. 하지만 어린이들이 다시 나섰어요. 크레파스를 쓰는 초등학생에게 어려운 연주황이라는 이름을 쓰는 것이 초등학생을 차별하는 일이라고 주장하면서 '살구색'으로 써 달라고 요청했어요. 그 뒤로 살색이라는 말 대신 살구색을 쓰게 되었지요."

어린이들의 노력으로 차별을 없앤 이야기를 듣고 교실은 더더욱 조용해졌다. 모두의 머릿속에 며칠 전 일이 맴돌았기 때문이다.

"우리가 무심코 하는 말이나 행동이 누군가에게는 커다란 상처를 줄 수 있어요. 우리나라에 어떤 차별이 있었는지, 또는 여러분이 차별받은 적이 있는지 경험을 이야기해 볼까요?"

아이들이 꿀 먹은 벙어리처럼 있자, 방정환이 손을 들었다.

"옛날에 일본이 우리나라를 침략했을 때 일본인과 조선인을 차별했어요. 공장에서 같은 일을 해도 돈도 적게 주고, 일본인들이 우월하다며 조선인을 억압하고 함부로 대했지요."

"그래요. 앞서 본 미국뿐 아니라 우리나라도 일제 강점기에 차별을 겪었어요. 하지만 여전히 차별 때문에 고통받는 사람들이 많아요. 또 어떤 일이 있을까요?"

선생님의 질문에 소연이가 손을 번쩍 들었다.

"저는 할머니가 장남이라고 오빠만 챙겨 주고, 저한테는 여자애니까 오빠 밥 차려 주라고 차별해요. '여자애니까'라고 하는 말만 들어도 화가 머리끝까지 나요."

"학원에서 성적으로 반 나누는 게 싫어요. 저는 C반인데요, A반 친구랑 똑같이 늦었는데, 저만 혼났어요. 그러니까 네가 공부를 잘 못하는 C반이라고."

상구도 볼멘소리를 했다. 그리고 축구광 현재가 말을 이었다.

"제가 좋아하는 축구 선수가 아프리카 사람인데요, 상대팀 선수가 골을 넣고 흑인을 업신여기고 놀리는 세리머니를 했어요. 그래서 벌금을 냈대요."

"저도 억울해요. 남자도 슬픈 영화 보면 울 수 있잖아요? 근데 남자는 아무 때나 울면 안 된대요. 그런 게 어딨어요?"

힘찬이도 볼멘소리를 했다.

"며칠 전에 우리 반에서도 하산을 괴롭힌 일이 있었어요. 별것 아닌 일에 피부색이 다르다고 놀리고, 심한 말을 했어요. 괴롭힌 아이들뿐 아니라 모른 척한 우리 모두가 하산에게 사과해야 한다고 생각합니다."

똑 부러지는 한별이 말에 교실 분위기가 얼음장처럼 차가워졌다. 특히 남자아이들은 서로의 눈치만 봤다.

"맞아요. 다 같이 사이좋게 지내야 해요. 저부터 사과할 거예요!"

방정환이 외치자, 몇몇 남자아이들이 모기만 한 소리로 "나도, 나도." 하고 말했다.

선생님이 빙긋 웃더니 교실 앞문을 열었다.

"어, 하산이다."

눈이 퉁퉁 부은 하산이 쭈뼛쭈뼛 들어왔다. 그러고는 말없이 자기 자리에 앉았다. 남자아이들은 말도 걸지 못하고 하산을 힐끔힐끔 쳐다보기만 했다.

"모든 사람은 태어나면서부터 소중한 권리를 가져요. 사투리를 쓴다거나 피부색이 다르다고 차별받는다면 어떨까요? 자신과 다르다고 무시하고 깔보는 태도는 다른 사람의 인권을 침해하는 거예요. 내가 소중한 만큼 다른 사람도 존중해 줘야 해요."

선생님의 말에 아이들이 큰 소리로 대답했다.

"네!"

아직 하산이 남자아이들과는 말도 하지 않았지만, 방정환은 아이들이 곧 잘 지내리라는 믿음을 가졌다.

"아무래도 시간이 좀 필요할 것 같아요. 그래도 차별 없는 교실을 만들려는 선생님 모습이 감동적이었어요. 자기 의견을 똑소리 나게 말하는 아이들도 인상적이었고요."

"그럼요. 어린이들이 점점 자신의 권리를 알아 가고 있어요. 아마 다음엔 더 놀라운 일이 기다릴 것 같군요."

마부가 의미심장하게 말했다.

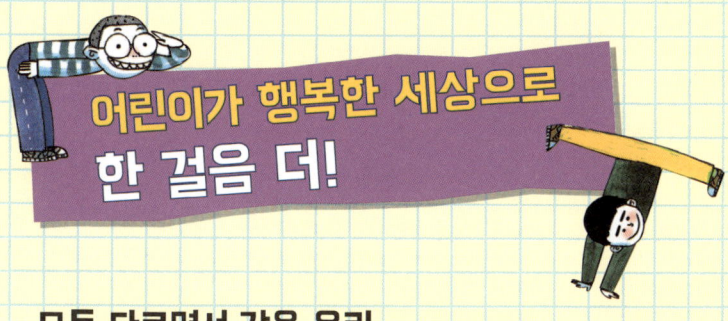

어린이가 행복한 세상으로 한 걸음 더!

모두 다르면서 같은 우리

　사람은 모두 다르다. 성별도 다르고, 생김새도 다르고, 생각도 다르다. 형제자매끼리도 성격이나 좋아하는 음식, 취미가 다르다. 서로 같지 않고 다른 특징이 '차이'다. 차이를 인정하지 않고, 괴롭히거나 무시하고, 비교하는 걸 '차별'이라고 한다. 사람마다 다른 것을 틀렸다고 생각하는 것이다. 다르기 때문에 차별하고 무시하는 사회보다 다름을 인정하고 배려하는 사회가 더 행복하다.

　인권은 모든 사람이 평등하게 누려야 할 권리이다. 그렇지만 모든 사람을 똑같이 대하는 것이 공평한 것은 아니다. 예를 들면 장애인도 학교나 대중교통을 이용할 권리를 누릴 수 있어야 하고, 이주 배경 아동의 학습 능력 향상을 위해 언어 교육을 하는 등 약자와 소수자의 인권을 지키기 위해 힘쓰는 것이 평등을 더 넓게 실천하는 길이다.

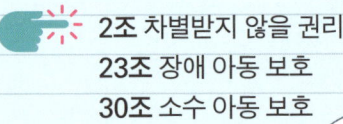
2조 차별받지 않을 권리
23조 장애 아동 보호
30조 소수 아동 보호

어린이가 차별받지 않을 권리

모든 어린이는 어떤 경우에도 차별받지 않을 권리가 있다. 부모님, 인종, 종교, 언어에 따른 차별은 물론 부자건 가난하건, 장애가 있건 없건, 여자건 남자건 모두 동등한 권리를 누리고 차별도 받지 않아야 한다. 남자아이는 운동을 잘해야 한다거나, 여자아이는 얌전해야 한다는 이야기도 차별이다.

몸과 마음에 장애가 있는 어린이는 특별한 보호를 받아야 하며, 국가는 부모나 보호자가 어린이를 잘 돌볼 수 있도록 필요한 지원을 해 주어야 한다. 어른들은 어린이들이 서로 존중하여 도와주고, 다름을 인정하고, 다양한 문화를 이해하고 받아들이는 경험을 할 수 있도록 이끌어 주어야 한다.

8장
내가 원하는 건요

해 질 무렵 아파트 주차장에 마차가 멈추었다. 긴 치마를 입은 모습에 당황할 틈도 없이 웬 여자아이가 달려와 "할머니!" 하고 부르더니 엉엉 울었다. 그렇다. 방정환은 2016년, 5학년 여자아이의 할머니가 되었다. 도대체 무슨 까닭으로 할머니가 되어야 했을까?

방정환은 서럽게 우는 여자아이를 내려다보며 쩔쩔맸다.

"무슨 일이야? 얘길 해 보렴."

어렵게 말을 걸었지만 여자아이는 울음을 그칠 줄 몰랐다. 방정환은 안 되겠다 싶어 근처 의자로 가서 앉았다. 꽃무늬 치마를 입은 자신의 모습을 살펴볼 여유도 없었다. 훌쩍이는 여자아이 곁에서 방정환은 한숨을 내쉬었다. 마부가 슬그머니 앉았다.

"할머니가 되어서 많이 놀랐소?"

방정환은 어처구니없는 표정으로 마부를 쏘아보았다.

"저 아이는 예지예요. 5학년이지요. 가수가 되고 싶은데 엄마가 반대해요. 친구들과 모임을 만들어서 연습하는데, 그걸 엄마한테 들켰어요. 몰래 주고받은 편지도 들켜서 더 혼났지요. 요즘 말로는 뭐 메시지라고 하는 거 같은데, 아무튼 앞으로는 일거수일투족을 엄마가 감시한다고 하니까 대들고 싸우다 뛰쳐나왔어요."

대충 상황을 알 것 같았다.

'흠, 지금 나는 예지라는 아이의 할머니고, 예지가 왜 우는지 알아봐야 하는 거군.'

해가 완전히 넘어가 깜깜해졌다. 예지도 이제 울

만큼 울었는지 눈물을 그쳤다. 그러더니 속내를 털어놓았다.

"예지야, 이제 그만 집에 들어가자."

"할머니, 난 공부보다 춤추고 노래하는 게 더 좋아요. 내가 얼마나 걸그룹이 되고 싶은지 알죠? 엄마는 무조건 안 될 거라고 말하는데, 해 보지도 않고 포기할 수는 없잖아요."

방정환은 잠자코 이야기를 들었다.

"그리고 내 비밀 일기랑 휴대 전화까지 맘대로 보고, 현아랑 놀지 말라는 거 있죠. 물론 수업 시간에 메시지를 보낸 건 잘못했지만, 휴대 전화를 뺏는 건 너무하잖아요! 할머니, 할머니는 내 편이죠?"

"그래그래. 집에 들어가서 마저 이야기하자."

방정환은 억울해하는 예지를 다독여 집으로 들어갔다. 현관문을 열자, 예지 엄마가 도끼눈을 하고 있었다.

"또, 또 할머니한테 어리광 부렸구나? 헛꿈 꾸지 말고 공부나 열심히 해!"

예지는 방문을 쾅 닫고 들어갔다.

"이번에는 예지 편 들어 주지 마세요."

예지 엄마가 차갑게 말했다.

"그래도 예지가 노래를 잘하잖니? 애가 하고 싶다는데……."

"예지보다 잘하는 애들이 얼마나 많은데요. 안 돼요."

아무래도 상황이 쉽지 않았다. 방정환은 고개를 내저으며 예지 방으로 들어갔다. 이불을 뒤집어쓰고 누워 있던 예지가 벌떡 일어났다.

"거봐요, 할머니. 엄마는 화부터 내요. 아빠는 내 꿈이 뭔지 관심도 없고 공부만 하라고 하고요."

아무리 예지의 꿈이 달갑지 않더라도 노래도 못 하게 하고, 친구도 만나지 말라는 건 너무하다는 생각이 들었다. 더구나 어른이라고 어린이의 비밀을 함부로 볼 권리는 없지 않은가. 방정환은 좋은 방법이 없을까 곰곰이 생각했다.

"예지야, 네가 노래 부르고 춤추는 걸 보여 준 적 있니?"

"그럼요. 근데 제대로 하기도 전에 그만하라고 해요. 소풍 가서 장기자랑도 1등 했는데, 엄마 아빠는 인정 안 해 줘요."

"얼마나 가수가 되고 싶은지 이야기도 해 보고?"

"날마다 했죠. 그런데 꿈쩍도 안 해요."

예지가 도로 이불을 뒤집어쓰고 누웠다.

"음, 그럼 이런 건 어떨까? 네가 하고 싶은 말을 노래 가사에 넣어서 부르는 거야. 엄마 내 꿈에 관심 가져 줘요. 아빠 내 비밀도 지켜 줘요. 네가 잘하는 걸로 설득해 보면 어때?"

"노래로요? 그러면 내 바람을 들어줄까요?"

예지는 방정환의 제안에 눈빛을 반짝였다. 곧 둘은 머리를 맞대고 가사를 썼다. 그때 누군가 방문을 두드리고 들어왔다.

"이모! 이것 좀 봐요."

예지는 종이를 내밀며 그동안 있었던 일을 조잘조잘 말했다.

"엄마가 내 휴대 전화 메시지를 마음대로 확인하는 게 인권 침해 맞죠? 학교에서 배웠어요! 내 SNS까지 찾아내서 그동안 올린 글도 다 봤다고요. 그러고도 모른 척하는 거예요."

"일본 순사가 독립운동가 감시하는 것도 아니고, 정말 너무하는구나. 안 그러니?"

방정환도 옆에서 거들었다.

"오, 예지 제법인데? 그럼, 무엇을 어떻게 침해한 거라고 말하면 좋을까?"

예지의 말을 가만히 듣던 이모가 되물었다.

"어, 나도 비밀이 있고, 하고 싶은 것을 할 권리가 있다고요!"

"그래. 몇 년 전부터 선생님이 일기 검사를 하는 것도 어린이의 인

어린이도 할 말이 있어요

방정환은 어릴 때부터 친구들과 소년입지회라는 모임을 만들어 활동하며 토론하고, 놀이도 했다. 청년 시절에는 청년구락부를 만들어 뜻이 맞는 사람들과 다양한 모임을 이어 갔다. 자신의 의견을 자유롭게 말하는 것은 어린이의 권리이자, 모든 사람이 누려야 할 중요한 권리다.

권을 해치는 거라는 주장이 나왔어. 어린이도 분명 자기 생각을 말하고, 사생활과 비밀을 가질 권리가 있단다."

"진짜요? 그럼 내 일기장이랑 메시지랑 SNS 글을 본 것도 내 인권을 침해한 거니까 엄마 아빠가 잘못한 거 맞죠?"

예지 입에 함박웃음이 걸렸다.

"그렇지만 예지야, 부모님이 예지를 잘 보살피기 위해 본 것이니 무조건 잘못했다고는 할 수 없지 않을까? 부모님에게도 어린이를 보호하고 능력이 발달하도록 지도할 책임이 있거든."

이모는 예지와 한참동안 이야기를 나누었다. 그리고 예지가 노래하는 모습을 휴대 전화로 촬영해 주었다. 부모님이 안 볼 수도 있으니 SNS에 올려 두자는 거였다. 예지는 직접 가사를 쓴 노래를 부르

고, 자기가 얼마나 노래를 부르고 싶은지 진심을 담아 말했다.

그날 밤, 방정환은 예지 엄마와 마주 앉았다.

"옛날에도 어린이끼리 모여 토론도 하고, 독립운동도 했어. 아무리 어린이지만 자기 생각이 있으니까. 마음이 통하는 친구와 노래 부르고 춤을 춰도 괜찮지 않겠니? 예지가 준비한 걸 엄마에게 꼭 보여 주고 싶다고 했으니 꼭 보려무나."

엄마 아빠는 예지 SNS에서 동영상을 봤다.

"난, 난 꿈이 있어요. 그 꿈을 믿어요. 나를 지켜봐요.
난 정말로 가수가 되고 싶단 말예요. 엄마가 허락하면 안 돼요?
언젠가 나 꼭 가수 되어서 저 하늘에 빛난 별이 될 수 있어요."

다음 날, 예지는 학교에 가서 어제 있었던 일을 현아에게 낱낱이 이야기했다. 두 아이는 어떻게 하면 허락을 받고 연습을 할 수 있을까 머리를 맞댔다. 하지만 뾰족한 수는 없었다.

그런데 집에 오니 분위기가 이상했다. 예지는 학원도 안 가고 아빠를 기다렸다. 곧 현아네 가족도 모였다. 예지와 현아는 어리둥절했다.

예지 아빠가 모두를 둘러보더니 말했다.

"예지가 올린 동영상 봤어. 엄마 아빠가 예지 생각을 더 들어 보고 싶어서 이렇게 모두 모이자고 했어."

"저는요, 노래 부를 때 정말 행복해요. 사람들이 내 노래를 듣고 좋아하면 뿌듯하고요. 춤추고 노래한다고 공부를 안 하는 건 아니잖아요. 엄마 아빠가 제 꿈에 관심을 갖고 응원해 주면 좋겠어요."

긴장한 표정이었지만, 예지는 자기 생각을 또박또박 이야기했다. 이어서 현아도 바람을 이야기했다.

"방과 후 교실에서 방송 댄스 배우면 안 돼요? 그러면 예지랑 몰래 따로 연습하지 않아도 되고, 학교 공부에도 방해되지 않잖아요. 열심히 배워서 잘하고 싶어요."

아이들의 진심이 어른들의 마음을 움직였나 보다.

"예지와 현아가 이렇게 진지하게 생각하고 있는 줄 몰랐구나. 그렇지만 가수의 꿈만큼 공부도 중요해. 둘 다 열심히 한다고 약속할 수 있니?"

예지 엄마가 말했다.

"그래. 너희에게 정말 재능이 있을 수도 있고, 꿈이 바뀔 수도 있겠지. 최선을 다해서 해 보고, 그만두고 싶을 땐 언제든 편하게 말하기로 약속하자."

현아 엄마도 둘을 응원해 주었다.

"그럼요, 약속해요!"

예지와 현아는 손을 맞잡고 폴짝폴짝 뛰었다. 예지 엄마가 마지막으로 한마디 덧붙였다.

"우리가 일부러 네 SNS를 본 건 아니야. 네가 엄마 휴대 전화로 로그인한 뒤에 우연히 보게 되었던 거야. 앞으로는 비밀로 올린 건 보지 않을게. 단, 힘든 건 꼭 말하기. 그건 보호자로서 부모의 의무니까."

"엄마!"

예지가 엄마 품에 폭 안겼다.

거실엔 환한 웃음꽃이 피었다. 방정환은 조용히 나와 마차에 올랐다. 구름 한 점 없는 하늘에 별이 총총 떠 있었다. 아이들도 곧 저 별처럼 빛나는 날이 올 것 같았다.

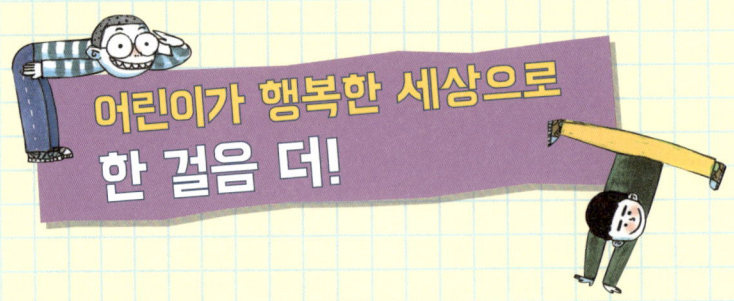

어린이가 행복한 세상으로 한 걸음 더!

어린이도 비밀이 있어요

어린이는 자신의 생활과 관련된 일에 대해 생각을 말할 권리가 있다. 그리고 어른들은 어린이에 관한 일을 결정할 때 어린이의 의견을 무엇보다 먼저 고려해야 한다.

어른이라고 함부로 어린이의 비밀을 들여다볼 수는 없다. 2010년대 들어서 우리나라에서도 어린이 인권을 침해한다며 일기장 검사를 없애고 있고, 학생 인권 조례를 제정하는 등 학생들의 인권을 보장하기 위한 노력도 이어 가고 있다.

최근 들어 인터넷과 SNS를 통한 개인 정보 유출이 사생활 침해는 물론 범죄로 이어지는 경우도 많다. 따라서 어린이도 온라인상에 게시물을 올릴 때 자신의 정보를 모두 보여 주지 말아야 하고, 다른 친구들의 사생활도 함부로 이야기하지 않는 등 올바른 이용 방법을 지켜야 한다.

5조 부모의 지도
12조 아동의 의견 존중
13조 표현의 자유
16조 사생활 보호

어린이의 사생활 보호와 의사 표현 권리

어린이도 비밀이 있다. **자신의 일기나 전자 우편, 휴대 전화 메시지 등의 사생활을 공개하지 않고 보호받을 권리가 있다.** 또한 어린이는 말이나 글, 예술을 통해 생각을 표현할 권리가 있다.

어린이는 자신의 생각을 말할 기회가 적기 때문에 어른들이 보다 적극적으로 어린이들의 의견에 관심을 기울이고, 자신의 생각과 의견을 잘 표현하는 방법을 알려 줘야 한다.

어린이들을 위한 일을 의논할 때 정작 어린이의 의견은 듣지 않고 어른들끼리 결정할 때가 많다. 어른들은 어린이의 의견에 귀를 기울이고, 어린이에게 영향을 미치는 문제를 결정할 때 의견을 말할 권리를 주어야 한다.

9장
어린이가 행복한 나라

마지막 여행이라 그런 걸까? 마차가 새삼 천천히 달리는 것 같았다. 그러다 문득 방정환은 깨달았다. 자신이 날고 있다는 것을. 그리고 자신이 사람이 아니라는 것을! 그렇다. 5월 5일 어린이날, 방정환은 자신의 소설 속 주인공, 은파리가 되었다. 아이들의 모습을 낱낱이 살펴보기 위해서라나?

어처구니가 없어서 말도 나오지 않았다. 하다하다 이제 파리라니! 방정환은 말 뒤통수에 앉아 마부를 노려보았다. 마부는 변명을 하느라 진땀을 뺐다.

"아니 뭐, 이제 마지막인 데다 어린이날을 맞은 다양한 모습을 다 돌아보려면 날아다니는 것만큼 좋은 게 어디 있겠소. 당신이 그랬잖아요. 거짓말로만 살아가는 사람들의 세상을 일일이 들춰내야 한다고. 정말 아이들의 권리가 잘 지켜지고 있는지 살펴봐야 하잖아요. 그러니 그 소설의 주인공인 파리가 되는 게 딱 맞겠다는 생각이 들어서……."

방정환은 잘도 주절대는 마부의 얼굴에 똥이라도 싸 주고 싶었다. 하지만 이미 파리로 변한 몸, 버티고 앉아 있다 시간을 보내긴 아까웠다.

　"휴, 내가 할 말은 많지만 할 일이 많으니 참겠소. 어서 어린이들에게 가 봅시다."

　"좋소. 어린이날 행사가 어떤 모습으로 열릴지 기대되지요?"

　마부는 그제야 싱글벙글 웃으며 벌떡 일어났다. 방정환은 윙윙 날갯짓을 하여 마부를 뒤따라갔다.

　한참 날아가 탁 트인 공원에 다다랐다. 어린이들의 웃음소리와 즐거운 목소리가 울려 퍼졌다. 그림 그리기, 노래 공연, 마술 쇼, 영화 상영, 만들기 대회 등 다양한 행사가 펼쳐져 있었다.

　공원 한편에서는 어린이를 돕는 여러 단체들이 나와 어린이 인권을 알리는 전시와 체험 프로그램을 진행했다. 방정환은 천막에 앉아 어린이 인권을 지키자며 목청껏 외치는 어른들 모습을 오랫동안 지켜보았다.

　"엄마 아빠와 함께 행복한 하루를 보내는 아이들을 보니 뿌듯해서 눈물이 다 납니다."

　방정환은 힘든 줄도 모르고 날아다녔다.

　광장 반대편에는 '투표하는 청소년이 세상을 바꾼다!'라는 표어를 쓰는 청소년들도 보였다. 2020년부터 선거 연령이 18세 이상으로 바뀌면서 청소년들도 정치에 참여할 수 있게 된 것이다. 청소년들은 나라의 일에 자신의 의견이 반영된다는 뿌듯함과, 정치인들이 어린이와 청소년을 위한 정책을 더 열심히 만들어 줄 것이라는 기대의 목소리를 내보였다. 종종 눈살을 찌푸리는 어른들이 있었지만, 아이들은 당당하게 자신들의 권리를 주장하고 있었다.

보이지 않는 곳에서 아파하는 어린이들도 여전히 있었다. 어린이날에도 출근해야 하는 부모를 둔 아이들은 텅 빈 놀이터에서 쓸쓸히 놀고 있었다. 한편에서는 제 덩치만 한 가방을 멘 아이들이 회색 건물로 속속 들어갔다.

"아, 저기는 학교가 끝난 뒤에도 또 공부하러 가는 학원이지요. 간혹 휴일에 여는 곳도 있다는군요."

방정환은 화가 나서 날개를 파르르 떨었다.

"오늘 같은 날 또 공부를 한다고요? 단 하루만이라도 아이들이 마음 편히 놀면 얼마나 좋아요! 저 짐짝 같은 가방을 메고 공부라니, 에휴."

안타까운 마음에 건물로 들어서는 아이의 어깨 위에 살포시 앉았는데, "이런 똥파리가!" 하는 외침과 함께 손바닥이 덮쳐 왔다.

"아이고, 내가 파리인 걸 깜박했군!"

방정환은 재빨리 몸을 피해 근처 나무 아래 앉아 숨을 골랐다.

"그래도 많은 어린이들이 행복해하는 모습을 보니 내 마음도 덩

달아 행복해요. 내가 꿈꾸었던 어린이날이에요."

"그렇지요. 이제 마음이 좀 놓입니까?"

"네, 그래요. 시대를 넘나드는 여행을 하며 마음이 아팠던 적도 있지만, 어린이날의 의미를 제대로 이해하고 실천하는 어른들이 있다는 걸 알았으니 마음이 놓여요. 또, 어린이들이 자기 인권이 어떻게 침해되는지 알고, 인권을 지켜 달라고 요구할 수 있다는 것도 안심되고요. 무엇보다 청소년들이 투표를 통해 정치에 참여하고, 목소리를 낼 수 있게 된 것도 인상적이었어요. 이 모습을 살아서 봤다면 더 좋았겠지만 더는 세상에 미련을 두지 않아도 될 것 같군요."

마차에 올라타자 다시 예전의 뚱뚱한 자신으로 돌아왔다. 방정환은 나직이 속삭였다.

"이것이 마지막이군요. 고마웠어요."

마차는 처음 출발할 때처럼 빠른 속도로 달렸다. 세찬 바람에 눈을 뜨기도 힘들었지만, 어린이가 행복한 나라의 모습을 조금 더 눈에 담고 싶었다. 하늘 높이 솟구친 마차는 곧 구름 위로 올라갔다. 방정환은 눈물이 흐르는 두 눈을 꼭 감았다.

*

눈을 뜨니 병실 안이었다. 여행을 마치고, 방정환은 비로소 이 세상을 떠날 수 있을 것 같았다. 자신보다 더 열심히 어린이를 위해 노력하는 어른들이 많아졌으니 말이다.

　방정환은 어린이들이 자신의 권리를 소중히 여기고, 다른 사람들을 존중하는 마음을 갖길 기도했다. 그리고 어른들에게 마지막 한마디를 남기고 떠났다.

"어린이를, 앞으로 어린이를 잘 부탁합니다."
1931년 7월 23일이었다.

어린이를 잘 부탁합니다

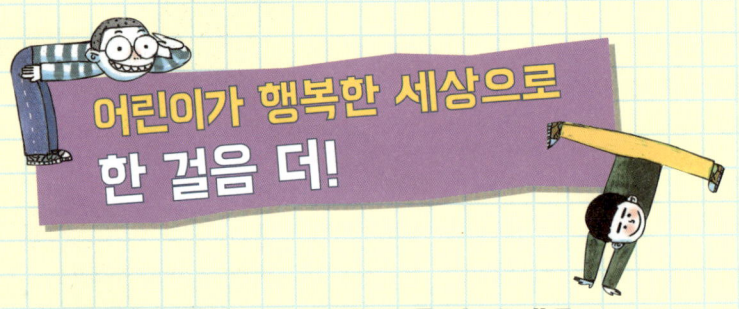

어린이의 목소리에 귀를 기울여 주세요

우리나라 어린이 인권은 하루아침에 좋아진 것이 아니다. 오랜 시간 여러 사람이 힘겹게 노력해서 사람이 사람답게 어린이가 어린이답게 행복한 삶을 살게 되었다.

어린이는 즐겁게 놀고, 모임을 만들 자유가 있다. 방정환은 소년운동 모임 결성, 잡지 발간, 출판문화 운동, 세계아동예술전람회 개최 등을 통해 어린이를 다양한 활동에 참여시켰다. 방정환이 살았던 1920년대와 비교하면 우리나라 어린이 인권은 눈부시게 발전해 왔다. 어린이 인권을 지키기 위해 노력하는 어른들도 많아졌다.

하지만 어린이가 모임을 만들거나 참여하는 것을 불필요하다고 생각하는 어른도 있다. 여전히 뉴스에는 어린이들이 학대당하는 이야기가 나오고, 어른들 잘못으로 어린이들이 목숨을 잃는 일도 자주 일어난다. 놀 권리를 빼앗긴 어린이들은 골목과 운동장 대신 학원으로 내몰리고 있다. 우리나라 어린이 인권의 현재는 아직 완전하다고 할 수 없다.

〈유엔 아동권리협약〉으로 보는 어린이 인권

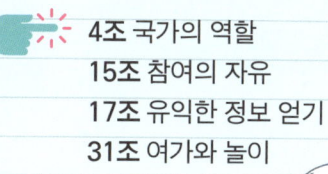

4조 국가의 역할
15조 참여의 자유
17조 유익한 정보 얻기
31조 여가와 놀이

어린이가 자신과 관련된 일에 참여할 권리

어린이는 **자유롭게 모임을 만들고 참여할 자유가 있다.** 평화로운 방법으로 집회를 열 수도 있다. 이를 어린이의 참여권이라고 한다. 그러기 위해 다양한 방송, 신문, 책 등을 통해 도움이 되는 정보를 얻을 수 있어야 한다.

또한 **충분히 쉬고 자신의 나이에 맞는 놀이에 자유롭게 참여할 권리가 있다.** 국가는 아동의 권리를 실현하고, 아동이 자신과 관련된 일에 참여할 수 있도록 정책을 만들어야 한다.

하지만 아직 세상에는 힘겹게 일하고, 교육 받지 못하고, 전쟁터에서 희생 당하는 어린이들이 많다. 자신의 권리를 알게 된 어린이가 다른 친구들의 이야기에도 관심을 갖고 참여한다면 큰 힘이 될 수 있다. 편지 쓰기, 서명 운동, 어린이 노동 기업 불매 운동 등 많은 활동 중 어떤 방법으로 참여할 수 있을까?

어린이들의 친구 소파 방정환

방정환, 어린이를 위해 평생을 살다

"어린이를 내려다보지 말고 쳐다봐 주십시오, 어린이를 가까이하여 자주 이야기하십시오. 어린이에게 경어를 쓰되 늘 보드랍게 하여 주십시오. 이발이나 목욕, 의복 같은 것을 때 맞춰 하도록 하여 주십시오. 잠자는 것과 운동하는 것을 충분히 하게 하여 주십시오. 어린이를 책망할 때는 쉽게 성만 내지 마시고, 자세히 타일러 주십시오."

제1회 어린이날에 방정환이 쓴 '어른들에게 드리는 글'이다. 어린아이를 부르는 마땅한 호칭조차 없던 때, 어린이를 어른과 똑같은 사람으로 존중해야 한다고 생각한 의지가 담긴 말이다.

아이를 어른의 축소판으로나 여기던 때였다. 방정환

연표

1899
서울 야주개(지금의 당주동)에서 태어남.

1905
보성소학교 유치반에 들어감.

은 어린이들이 행복한 세상을 만들기 위해 동분서주했다. 어린이를 위한 강연, 잡지 발행, 동화 집필 등 몸을 아끼지 않고 전국을 다녔다. 과로로 쓰러져 세상을 떠나기 전까지 어린이를 위해 살았던 방정환의 일생을 짧게 만나 보자.

어린 시절

　방정환은 1899년 11월 9일 지금의 서울 종로구 당주동인 야주개에서 장남으로 태어났다. 할아버지가 야주개 시장에서 어물전과 쌀가게를 해서 어린 시절에는 가정 형편이 넉넉했다. 방정환은 동네 친구들을 모아 연극 놀이를 하며 이야기 들려주는 것을 좋아했다. 하지만 아버지의 사업이 실패한 뒤 밥 먹는 것도 어려워졌다. 방정환은 등굣길에 고모 집에서 도시락을 얻어 가고, 물을 긷고 쌀을 꾸어 오는 등 집안의 굳은 일을 도맡아 하며 힘든 시기를 보냈다.

　그래도 좌절하지 않고, '소년입지회' 활동을 하며 친구들과 모여 토론을 하고, 독서와 글쓰기를 열심히 했다. 보통학교를 졸업하고

1909
매동보통학교 입학. 미동보통학교로 전학 가서 졸업함.

1913
선린상업학교에 입학하였으나 이듬해 학교를 중퇴함.

선린상업학교에 입학했으나, 이듬해 학교를 그만두었다. 집안 형편이 어렵기도 했고, 상업학교가 적성에도 맞지 않았다. 이후 토지조사국에 취직했고, 하루 종일 일하고 돌아오면 밤늦도록 책을 읽거나 글을 써서 잡지에 보내곤 했다.

조선에 '어린이'를 알리다

1920년 방정환은 일본으로 유학을 가서 아동 문학과 아동 심리학을 공부했다. 우리나라와 달리 일본에는 어린이를 위한 책이나 장난감, 행사가 많았다. 방정환은 우리나라 어린이를 위한 일을 하기로 마음먹었다. 안데르센 동화, 그림 동화, 이솝 우화 등 세계 여러 나라 어린이들이 좋아하는 명작 동화를 번역하여 「사랑의 선물」이라는 책을 펴냈는데, 어린이들의 큰 사랑을 받아 날개 돋친 듯 팔렸다.

또, 1922년 5월 1일 처음으로 '어린이의 날'을 제정하였다. 1923년 3월 도쿄 유학생들과 어린이 운동 단체인 '색동회'를 만들고, 우리나라 최초의 어린이 잡지 「어린이」를 창간하였다. 같은 해 5월 1

1915
토지조사국에 들어가서 서류를 필사하는 일을 함.

1917
천도교 제3대 교주인 손병희의 딸 손용화와 결혼함. 이후 청년 운동 단체인 청년구락부를 조직해 활동함.

일에 '어린이날' 기념식을 거행하고 '어린이날의 약속'이라는 전단 12만 장을 배포하였다. 이날 어린이날 기념식에서는 '어린이 권리 공약 3장'을 선포했다. 이는 우리나라뿐 아니라 세계 최초의 어린이 인권 선언인 것이다.

첫째, 어린이를 재래의 윤리적 압박으로부터 해방하여 그들에 대한 완전한 인격적 예우를 허하게 하라. 둘째, 어린이를 재래의 경제적 압박으로부터 해방하여 만 열네 살 이하의 그들에 대한 무상 또는 유상의 노동을 폐하게 하라. 셋째, 어린이 그들이 고요히 배우고 즐거이 놀기에 족한 각양의 가정 또는 사회적 기설을 행하게 하라.

다양한 활동

잡지 「어린이」에는 동화와 동요, 우리나라 역사와 문화, 과학과 지리 등 아이들이 재미있게 읽을 수 있는 유익한 내용을 실었다. 이원수, 윤석중, 마해송과 같은 아동문학가들이 「어린이」를 통해 작품 활동을 시작했다. 방정환은 번안 동화집 「사랑의 선물」을 펴낸 이후

1919
3·1 운동 뒤 「조선독립신문」을 만들어 사람들에게 나누어 주다가 일본 경찰에 체포되어 고문을 받고 일주일 만에 풀려남.

1920
일본 도요대학에 입학해 아동 문학과 아동 심리학을 공부함.

「만년샤쓰」「칠칠단의 비밀」 등 동화를 펴내고, 「어린이」에 매달 글을 실었는데, 소파, 잔물, 북극성, 몽중인 등 다양한 필명으로 글을 썼다.

또한 「신여성」과 같은 잡지에 수록한 소설 「은파리」에서 은파리의 입을 빌려 일제 강점기 사회상과 타락한 양반들을 풍자했다. 방정환은 어린이 운동을 하며 전국으로 강연을 다녔다. 방정환이 강연을 오면 청중이 구름떼처럼 모였다. 방정환은 동화에 나오는 인물을 실감 나게 흉내 내었다. 방정환을 감시하던 일본 경찰들도 생생한 이야기에 감동받아 눈물을 흘렸다고 한다.

이밖에도 동화구연대회, 세계 20여 개 나라 어린이의 작품을 전시하는 '세계아동예술전람회' 등 어린이를 위한 다양한 활동을 이어 갔다. 하지만 어린이날 행사는 일제의 탄압이 심해지면서 날짜가 바뀌기도 하고, 방정환이 세상을 떠나고 몇 년 뒤 금지되었다.

짧은 생, 아쉬운 작별

방정환은 밤낮으로 어린이를 위한 일을 하느라 건강을 돌보지 않

1922
5월 1일을 어린이날로 정함.

1923
우리나라 최초의 어린이 잡지 「어린이」를 창간함. 색동회를 만들고, 5월 1일에 제1회 어린이날 기념식을 개최함. '어린이 권리 공약 3장'을 선포함.

았다. 건강은 점점 나빠졌고, 신장염과 고혈압을 앓고 있었다. 힘들지만 어린이의 얼굴에 기쁨을 찾아 주어야 한다는 생각으로 어린이를 만나는 곳이라면 어디든 찾아갔다. 일본 경찰의 탄압과 감시를 받으면서 잡지를 펴내는 일은 점점 어려워졌다.

  결국 1931년 7월, 방정환은 사무실에서 코피를 쏟고 쓰러졌다. 병상에 누워 있는 일주일 동안에도 강연 걱정, 잡지 마감을 걱정했다. 하지만 다시 일어나지 못하고 33세의 젊은 나이에 세상을 떠나고 말았다. 방정환은 숨을 거두는 순간까지도 어린이를 걱정했다.

1925
제3회 어린이날을 맞이해 동화구연대회를 개최함.

1928
세계 20여 개 나라의 어린이 작품을 모아 세계아동예술전람회를 개최함.

1931
33세로 세상을 떠남.

유엔아동 권리협약

우리 모두가 알아야 할 우리의 권리!

유엔아동권리협약은 18세 미만의 어린이와 청소년이 안전하고 행복하게 자랄 수 있도록 인권을 보장하기 위해 마련된 국제적인 기준이에요. 어린이를 권리의 주체로 보고 생존권, 보호권, 발달권, 참여권에 관한 기본 권리를 담았어요. 전체 54개 조항으로 된 이 협약은 1989년 11월 20일 유엔 총회에서 만장일치로 채택되었고, 현재 세계 196개국이 서명했어요. 우리가 꼭 알아야 할 어린이의 권리 40가지를 함께 살펴봐요.

 1조 아동의 범위

만 18세가 되지 않은 사람을 '아동'이라고 부르며, 모든 아동은 이 협약에 따라 권리를 보장받아야 해요.

 2조 차별받지 않을 권리

모든 아동은 차별받지 않을 권리가 있습니다. 피부색이나 인종, 성별, 종교 등 어떤 이유로도 차별받아서는 안 돼요. 또한 부자건 가난하건, 장애가 있건 없건, 모두 동등한 권리를 누려야 해요.

3조 아동의 이익 최우선

국가나 사회복지기관, 법원 등 아동과 관련된 기관은 아동과 관련된 일을 할 때 아동의 이익을 가장 먼저 생각하고 일해야 해요.

 4조 국가의 역할

국가와 사회는 이 협약에 따라 아동의 권리를 지켜 주기 위해 필요한 제도와 법을 만드는 등 할 수 있는 모든 노력을 다해야 해요.

 5조 부모의 지도

국가는 부모나 보호자가 아동을 보호하고 아동의 능력이 발달하도록 적절하게 지도할 책임과 권리, 의무가 있음을 존중해요.

 6조 생존권과 발달권

아동은 생명을 존중받을 권리가 있으며, 국가는 아동이 생명을 보호받고 건강하게 자랄 수 있도록 최대한으로 보장해야 해요.

 7조 이름과 국적

아동은 이름과 국적을 가질 권리가 있으며, 부모가 누구인지 알고, 부모의 보살핌을 받을 권리가 있어요.

 8조 신분이 지켜질 권리

국가는 아동이 이름과 국적을 빼앗기거나 가족과 헤어진 경우, 이를 다시 찾을 수 있도록 법으로 보장해야 해요.

9조 부모와 함께 살 권리

인권을 침해당하는 경우가 아니라면 아동은 부모와 함께 살 권리가 있으며, 어쩔 수 없이 부모와 떨어져 살 경우에도 부모를 만날 권리가 있어요.

10조 가족과의 재결합

국가는 서로 떨어져 사는 아동과 부모가 만나기 위해 출국이나 입국을 신청할 때 이를 신속하게 허가해 주어 아동과 부모가 만날 수 있도록 보장해야 해요.

11조 불법 해외 이송 반대

국가는 아동이 불법으로 외국으로 끌려가거나 강제로 외국에 머물게 되지 않도록 막아야 하며, 그런 일이 발생했을 때에는 돌아올 수 있도록 노력해야 해요.

12조 아동의 의견 존중

모든 아동은 자신에게 영향을 미치는 문제를 결정할 때 의견을 말할 권리가 있어요. 국가는 이 권리를 보장하며, 부모는 아동의 의견을 존중해야 해요.

13조 표현의 자유

모든 아동은 자유롭게 의견을 말하고, 글을 쓰고, 그림을 그리는 등 원하는 형태로 자신의 생각을 표현할 권리가 있어요. 그러나 다른 사람에게 피해를 주어서는 안 돼요.

14조 양심과 종교의 자유
아동은 자신의 생각과 양심에 따라 행동할 자유를 갖고, 원하는 종교를 가질 권리가 있어요.

 15조 참여의 자유
아동은 원하는 목적을 위해 자유롭게 모임을 만들고 참여할 자유가 있어요.

 16조 사생활 보호
모든 아동은 사생활을 간섭받지 않고, 휴대 전화나 편지, 메일 등 통신 내용도 보호받아야 해요.

 17조 유익한 정보 얻기
아동은 신문이나 방송, 잡지 등을 통해 정보를 쉽게 얻을 수 있어야 해요. 국가는 유해한 정보로부터 아동을 보호해야 해요.

 18조 부모의 책임
부모는 아동이 잘 자랄 수 있도록 보살필 책임이 있으며, 국가는 부모가 아동을 잘 보살피고 책임을 다하도록 지원해야 해요.

 19조 폭력과 학대
아동은 폭력과 학대, 방임으로부터 보호받아야 해요. 국가는 부모나 보호자가 아동을 학대하지 않도록 막고, 학대로 고통받는 아동을 보호하기 위해 노력해야 해요.

20조 부모가 보호하지 못하는 아동

부모가 없거나 부모와 함께 살기 어려운 아동은 국가가 특별히 보호하고 도와주어야 해요.

 21조 입양

국가는 아동이 입양될 때, 아동의 권리를 최우선으로 고려해야 하며, 기관을 통해 안전하게 입양이 이루어지도록 보장해야 해요.

 22조 난민 아동 보호

국가는 전쟁이나 자연재해, 굶주림 등으로 난민이 된 아동이 안전하게 보호받고 가족을 찾도록 적절한 노력을 기울여야 해요.

 23조 장애 아동 보호

국가는 몸이나 마음에 장애가 있는 아동이 인권을 보장받고, 사회의 구성원으로 참여할 수 있도록 필요한 지원과 교육을 제공해야 해요.

 24조 건강

아동은 건강하게 자랄 권리가 있어요. 필요한 영양을 충분히 섭취하고, 깨끗한 물을 마시고, 아플 때는 적절한 치료를 받을 수 있어야 해요.

 25조 시설 아동 조사

아동이 부모와 떨어져 양육 시설에서 지낼 경우, 국가는 아동들이 잘 자라고 있는지 정기적으로 조사해야 해요.

26조 사회 보장 제도

모든 아동은 사회 보험을 포함한 사회 보장 제도의 혜택을 받을 권리가 있어요.

 27조 기본적인 생활 수준

아동이 잘 먹고, 입고, 교육받을 수 있는 생활 수준이 보장되어야 합니다. 국가는 부모나 보호자가 책임을 다하지 못하면 적극적으로 도와주어야 해요.

 28조 교육받을 권리

아동은 교육받을 권리가 있어요. 국가는 초등 교육을 의무적으로 받도록 하는 한편, 아동들이 더 높은 교육을 받을 수 있도록 노력해야 해요.

 29조 교육의 목적

아동은 교육을 통해 인격과 재능, 정신적·신체적 능력을 마음껏 계발할 수 있어야 해요. 또한 인권과 자유, 이해와 평화, 관용과 평등, 우정의 정신을 배우고, 자신의 삶을 스스로 준비할 수 있도록 노력해야 해요.

 30조 소수 아동 보호

인종적, 종교적인 소수 또는 그 외 소수 집단에 속하는 아동도 자신의 고유한 문화와 종교를 가지며 자신의 언어를 사용할 권리가 있어요.

31조 여가와 놀이

모든 아동은 충분히 쉬고 자신의 나이에 맞게 놀 권리가 있어요.

 32조 아동 노동으로부터 보호

아동은 위험하거나 교육에 방해되는 노동을 해서는 안 돼요.

 33조 해로운 약물로부터 보호

국가는 마약과 같은 위험한 약물로부터 아동을 보호해야 하며, 아동이 마약을 만들고 판매하는 행위에 이용되지 않도록 노력해야 해요.

 34조 성 착취로부터 보호

아동은 성적으로 학대받거나 폭력을 당해서는 안 되며, 국가는 아동이 성과 관련된 활동에 이용되는 것을 막기 위해 노력해야 해요.

 35조 인신매매와 유괴로부터 보호

국가는 아동이 물건처럼 사고 팔리지 않도록 유괴나 인신매매를 막기 위해 모든 노력을 다해야 해요.

 36조 모든 착취로부터 보호

국가는 아동을 이용하거나 학대하는 등 아동에게 해를 끼치는 모든 착취로부터 아동을 보호해야 해요.

37조 범죄를 저지른 아동 보호

아동은 고문, 불법적인 체포나 감금, 사형이나 종신형 같은 큰 벌을 받아서는 안 돼요. 아동을 가두는 경우에도 어른 범죄자와 함께 지내게 하면 안 되며, 가족과 만나고, 신속하고 공정한 재판을 받을 권리가 있어요.

38조 전쟁으로부터 보호

아동은 전쟁 지역에서 특별한 보호를 받아야 하며, 15세 미만일 때에는 절대 군대에 들어가거나 전투 행위에 참여해서는 안 돼요.

39조 상처 입은 아동 보호

아동이 학대, 고문, 전쟁 등으로 상처를 입으면 국가는 아동이 몸과 마음의 상처를 회복해 원래의 생활로 돌아갈 수 있도록 모든 노력을 다해야 해요.

40조 공정한 재판과 대우

법을 어긴 것으로 생각되는 아동이라도 공정한 재판을 통해 유죄로 입증되기 전에는 무죄로 추정받으며, 증언이나 자백을 강요받지 않을 권리가 있어요. 국가는 아동이 죄를 짓고 법의 판결을 받았더라도, 사회에 복귀하여 생활할 수 있도록 힘써야 해요.

감수·추천 | 초록우산 어린이재단 아동복지연구소

"세상 모든 어린이들의 꿈과 희망을 함께하는 친구, 초록우산 어린이재단"
1948년에 탄생한 초록우산 어린이재단은 육이오 전쟁고아들을 돌보는 것을 시작으로 가난과 질병, 폭력에 고통받는 어린이들을 돕고 있는 아동복지 전문기관입니다. 현재 전국 55개 기관을 통해 어린이들이 올바른 인성을 키우며 진정한 목소리를 내도록 돕는 한편, 후원자들과 함께 어린이를 위한 나눔을 실천하고 있습니다. 초록우산 어린이재단은 여러분의 편에 서서 '어린이가 행복한 세상'을 만들어 갑니다.

오늘은 어린이날!
방정환이 들려주는 어린이 인권 이야기

개정판 1쇄 2024년 3월 10일 | 개정판 2쇄 2024년 7월 31일

글쓴이 오늘 | **그린이** 송진욱
펴낸곳 책속물고기 | **출판등록** 제2021-000002호
주소 서울특별시 영등포구 양평로 157, 1112호
전화 02-322-9239(영업) 02-322-9240(편집) | **팩스** 02-322-9243
전자우편 bookinfish@naver.com
카페 http://cafe.naver.com/bookinfish | **인스타그램** @bookinfish
콘텐츠 프로바이더 와이루틴
ISBN 979-11-6327-152-9 13330

*이 책의 내용을 쓰고자 할 때는 저작권자와 출판사 양측의 허락을 받아야 합니다.
*잘못된 책은 바꾸어 드립니다.
*값은 뒤표지에 있습니다.

| **품명** 아동 도서 | **제조일** 2024년 7월 31일 | **사용연령** 10세 이상 | **제조자** 책속물고기 | **제조국** 대한민국 |
연락처 02-322-9239 | **주소** 서울특별시 영등포구 양평로 157, 1112호
주의사항 ⓐ 종이에 베이거나 긁히지 않도록 조심하세요. ⓑ 책 모서리가 날카로우니 던지거나 떨어뜨리지 마세요.
KC마크는 이 제품이 공통안전기준에 적합하였음을 의미합니다.